曹雪芹

自然国学

从太虚幻境到武陵溪

朱 冰●著

深圳出版发行集团
海天出版社

图书在版编目（CIP）数据

曹雪芹：从太虚幻境到武陵溪 / 朱冰著. —

深圳：海天出版社，2013.2

（自然国学丛书）

ISBN 978-7-5507-0654-5

Ⅰ．①曹… Ⅱ．①朱… Ⅲ．①曹雪芹（？～1763）—
人物研究 Ⅳ．①K825.6

中国版本图书馆CIP数据核字（2013）第013399号

曹雪芹——从太虚幻境到武陵溪
Cao Xueqin Cong Taixuhuanjing Dao Wulingxi

出 品 人　尹昌龙
总 策 划　尹昌龙
出版策划　毛世屏
丛书主编　孙关龙　宋正海　刘长林
责任编辑　秦　海
责任技编　蔡梅琴
封面设计　同舟设计/李杨

出版发行　海天出版社
地　　址　深圳市彩田南路海天大厦 （518033）
网　　址　www.htph.com.cn
订购电话　0755-83460293（批发） 83460397（邮购）
设计制作　深圳市同舟设计制作有限公司　Tel：0755-83618288
印　　刷　深圳市金豪毅彩色印刷有限公司
版　　次　2013年2月第1版
印　　次　2013年2月第1次
开　　本　787mm×1092mm　1/16
印　　张　12.75
字　　数　157千
定　　价　36.00元

总 序

　　21世纪初，国内外出现了新一轮传统文化热。广大百姓以从未有过的热情对待中国传统文化，出现了前所未有的国学热。世界各国也以从未有过的热情学习和研究中国传统文化，联合国设立孔子奖，各国雨后春笋般地设立孔子学院或大学中文系。显然，人们开始用新的眼光重新审视中国传统文化，认识到中国传统文化是中华民族之根，是中华民族振兴、腾飞的基础。面对近几百年以来没有过的文化热，这就要求我们加强对传统文化的研究，并从新的高度挖掘和认识中国传统文化。我们这套《自然国学丛书》就是在这样的背景下应运而生的。

　　自然国学是我们在国家社会科学基金项目"中国传统文化在当代科技前沿探索中如何发挥重要作用的理论研究"中，提出的新研究方向。在我们组织的、坚持20余年约1000次的"天地生人学术讲座"中，有大量涉及这一课题的报告和讨论。自然国学是指国学中的科学技术及其自然观、科学观、技术观，是国学的重要组成部分。长久以来由于缺乏系统研究，以致社会上不知道国学中有自然国学这一回事；不少学者甚至提出"中国古代没有科学"的论断，认为中国人自古以来缺乏创新精神。然而，事实完全不是这样的：中国古代不但有科学，而且曾经长时期地居于世界前列，至少有甲骨文记载的商周以来至17世纪上半叶的中国古代科学技术一直居于世界前列；在公元3～15世纪，中国科学技术则是独步世界，占据世界领先地位达千余年；中国古人富有创新精神，据统计，公元前6世纪至公元1500年的2000多年中，中国的技术、工艺

发明成果约占全世界的54%；现存的古代科学技术知识文献数量，也超过世界任何一个国家。因此，自然国学研究应是21世纪中国传统文化一个重要的新的研究方向。它的深入研究，不仅能从新的角度、新的高度认识和弘扬中国传统文化，使中国传统文化获得新的生命力，而且能从新的角度、新的高度认识和弘扬中国传统科学技术，有助于当前的科技创新，有助于走富有中国特色的科学技术现代化之路。

本套丛书是中国第一套自然国学研究丛书。其任务是：开辟自然国学研究方向；以全新角度挖掘和弘扬中国传统文化，使中国传统文化获得新的生命力；以全新角度介绍和挖掘中国古代科学技术知识，为当代科技创新和科学技术现代化提供一系列新的思维、新的"基因"。它是"一套普及型的学术研究专著"，要求"把物化在中国传统科技中的中国传统文化挖掘出来，把散落在中国传统文化中的中国传统科技整理出来"。这套丛书的特点：一是"新"，即"观念新、角度新、内容新"，要求每本书有所创新，能成一家之言；二是学术性与普及性相结合，既强调每本书"是各位专家长期学术研究的成果"，学术上要富有个性，又强调语言上要简明、生动，使普通读者爱读；三是"科技味"与"文化味"相结合，强调"紧紧围绕中国传统科技与中国传统文化交互相融"这个纲要进行写作，要求科技器物类选题着重从中国传统文化的角度进行解读，观念理论类选题注重从中国传统科技的角度进行释解。

由于是第一套自然国学丛书，加上我们学识不够，本套丛书肯定会存在这样或那样的不足，乃至出现这样或那样的差错。我们衷心地希望能听到批评、指教之声，形成争鸣、研讨之风。

《自然国学丛书》主编

2011年10月

目录

1

前　言

一

从自然观的角度写曹雪芹的思想，我觉得不但很新颖，亦且很有意义。

在我看来，曹雪芹的思想不是专宗哪一门派的，它是曹雪芹在他的时代对人类一切优秀思想和文化成果兼收并蓄取精用宏的结果。而且他不但宗旨之，亦实践之，创新之。他的自然观、他在工艺技术方面的成就，是他的整个思想文化成就的组成之一，更是他留给后人的一份宝贵的文化遗产。

清代的工艺技术集中国五千年文明之大成，在其早中期达到中国古代物质文明的巅峰。这些，在《红楼梦》中有着丰富而生动的表现，其中记载的一些工艺技术及物质文明的发达程度，令今天的读者也备感惊艳，如建筑、园林、器物、织物、服饰、医药、养生、玩具、珍宝、饮食、起居，等等。作者对这些物质文化生活的描写具体而精致，为我们留下了一个美轮美奂的物质世界。这一部分内容是《红楼梦》的重要文化内涵，也是《红楼梦》高度的美学成就的组成部分。

曹雪芹一生留下的著作，除《红楼梦》外，还有一部《废艺斋集稿》。后者在1943年被日本商人买走后，至今下落不明。国内现存的只有部分残稿①。而就是这部分残稿中闪耀的包括曹雪芹的自然观在内的巨大思想、文学艺术及工艺技术光辉，就足以使我们重新认识和评价一个新的曹雪芹。正如茅盾先生评价《废艺斋集稿》的诗中所说："浩气真才耀晚年，曹侯身世谱新篇。自称废艺非谦逊，鄙薄时文空纤妍。莫怪爱憎今异昔，只缘顿悟后胜前。原书名为《瓶湖懋斋记盛》，虽残缺，已证人生观变迁。"在《废艺斋集稿》这部佚著的残文中，可以看到曹雪芹的渗透着他的哲学观的自然观；由他的自然观发凡的科学观和工艺技术观；由他的科学观和工艺技术观体现的社会理想和实践探索。

迄今为止，对《红楼梦》的研究成果用汗牛充栋来形容毫不过分。但对《废艺斋集稿》的专门研究，除早期吴恩裕先生所作的初步探索外，至今只有对该书第二册《南鹞北鸢考工志》的研究出了专著，即孔祥泽三代人所著《曹雪芹风筝艺术》。该书除对部分残存史料作了追记外，还从工艺技术角度进行了部分研究。除此之外还有一些零星的研究文章②。但这些研究对《废艺斋集稿》的写作思想和写作方法等方面都还未能深入涉及。

《红楼梦》与《废艺斋集稿》是姊妹篇。前者是宣告一个旧时代的结束，后者是探索一个新时代的开始；前者是对帝王专制制度下美丽生命的幻灭，后者是对"人人有以自养"③的小生产者经济基础上新型人际关系的向往；前者用"太虚幻境"这样一个纯美的意象世界承载了作者对社会、人生的许多终极命题之意义追寻无果的无奈和悲凉，后者用"武陵溪"这样一个理想社会模型寄托了作者探索社会改革和平民经济自立与人格独立道路的喜悦和向往。它没

---

① 孔祥泽，《〈废艺斋集稿〉追记前言》，胡德平，《说不尽的红楼梦——曹雪芹在香山》，中华书局，2004年。
②《〈废艺斋集稿〉中的科技史料》，朱冰，《中国科技史料》，1992年第13卷第三期。
③《南鹞北鸢考工志》董邦达序，孔祥泽等，《曹雪芹风筝艺术》，北京工艺美术出版社，2006年，第134页。

有如传统的农书和居家必备类读物那样，仅仅止步于对传统工艺技术内容的记载，也不是为着满足清高文人的田园情趣追求。它的写作宗旨，正如作者在《南鹞北鸢考工志·自序》中所言，是欲使"今世之有废疾而无告者，谋其有以自养之道也"①：它希望通过工艺技术手段通往这样一个美好的现实世界——"卜居武陵溪，仙源靡赋役。"② 因此，《废艺斋集稿》不同于中国古代任何一部自然国学著作，它的写作宗旨和写作方法、人道情怀、美学创造，在世界古代文明史上是独一无二的。它只有曹雪芹写得出来。

二

曹雪芹的自然观像他的其他思想观念一样，是用文学的也包括工艺技术的手法体现在《红楼梦》，特别是集中体现在《废艺斋集稿》中的。本书希望从曹雪芹的自然观这个角度，对《红楼梦》中的物质文化内容、对现存《废艺斋集稿》的残稿内容进行一些崭新的科学技术原理的探索研究。同时试图讨论一下：哪些条件和因素在曹雪芹自然观形成和科学技术成就的取得上可能产生了影响。

曹雪芹的自然观是带有较为浓厚的人文色彩的，甚至可以说是密不可分的。由于他的家世出身及阅历，他在青少年时代不仅受到中国古代传统文化精华的影响和教育，也受到过西方文艺复兴以来先进的科学技术思想、先进的自然科学观的影响。据史料记载，曹雪芹的祖父曹寅少年时代曾做过康熙皇帝的配笔侍从③，而康熙终其一生都在努力学习先进的西方科学技术。曹寅在江宁织造任上时也与西方传教士有过一些接触。曹雪芹受到家世环境熏陶和影响是很自然的事。曹雪

---

① 《南鹞北鸢考工志·自序》，第134页。
② 《南鹞北鸢考工志·比翼燕画诀》，第18页。
③ 刘上生，《佩笔侍从：曹寅"为康熙伴读"说辨正》，湖南师范大学社会科学学报，2000年，第6期，第6页。

芹在《废艺斋集稿》中论及绘画用光时，就有"余睹西洋绘画后，吸其用色之长"①等语，并对因循守旧的某些中国传统绘画技法及理论进行了尖锐的批评。他还在自己的绘画创作及其他工艺技术的发明上大胆实践这些先进的理论。因此，说曹雪芹是一位以先进的自然观、科学观为思想体系的伟大的工艺技术巨匠，丝毫不是过誉。

这一切探讨的最终目的，我希望能回归到人类精神活动的本质之一——真、善、美——的追求上面来。李泽厚先生在《美的历程》中，用"自然的人化"阐释他的美学观的本质②，即人类学本体论的美学观。在我看来，科学技术的本质也早就应该超越以往落后的科学观所阐释的"改造自然"这一功利和生硬的观念了。在这方面，毋宁说，我们的文化伟人曹雪芹早在两百多年前就已经为我们树立了一个高迈的宗旨，我用"人化的自然"来对它进行概括。"人化的自然"的内涵是：人类利用自然条件，通过工艺技术手段对自然进行模仿利用和改造，它是对自然力的延伸和扩展；它在以科学技术手段满足人类生存舒适追求的同时，满足人类尊重自然及其规律的美学追求；它是自然形态美的模仿、再造、集中和升华。它的外延是：这一切活动的形式成果、原理及思想观念。而对于曹雪芹的《废艺斋集稿》而言，它还应该包含着"人人有以自养"的善的追求。

《红楼梦》是旧时代美的幻灭。曹雪芹用充满着悲凉之雾的太虚幻境作为象征，将美毁灭给人看。而在他生命的最后十年，他用工艺技术为手段，试图铺就一条通往"人人有以自养"的新型社会之路，他将这个理想世界名之为"武陵溪"。从太虚幻境到武陵溪，曹雪芹的思想经历了哪些变化和升华？哪些因素促成和激发了他晚年世界观和著作活动的这一重大变化？这一思想裂变的果实《废艺斋集稿》经历了怎样的孕育过程？应该怎样评价《废艺斋集稿》这部世界文明史

---

① 吴恩裕著，《曹雪芹佚著浅探》，天津人民出版社，1979年，第42页。
②《美学三书》，李泽厚著，天津社会科学院出版社，2003年，第434页。

上独一无二的以"济世活人"为宗旨的伟大人道主义著作？这些问题都很大。这本小书容量有限，不可能一一探讨和回答。但这是本书作者有关这一课题的研究讨论的开始。

对于一些学者和读者关心的《废艺斋集稿》的真伪问题，本书作者将另作专门论述。

三

本书的写作是一个尝试。从写作方法上，本书作者希望与以往的科学技术史著述的写作方法有所区别，打破以专业内容划分章节的桎梏。它将以曹雪芹的思想、观念为纲，引领工艺技术内容，以期更方便地探讨曹雪芹的人文观与自然观的相互作用和影响，并尽力避免成果展览式的罗列和枯燥。本书的写作在力求保持学术严谨的同时，也希望能努力亲近读者。

朱冰于京华大风堂

2012年8月

第一章

女娲炼熟补苍苍

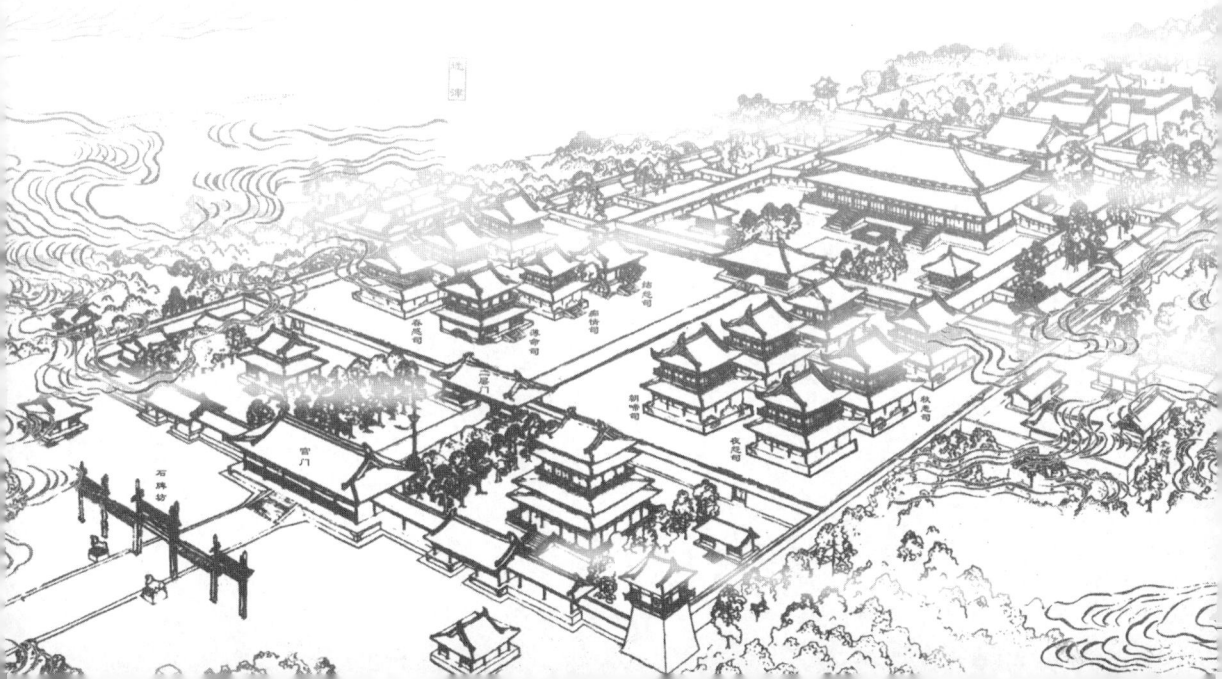

一、自然的人化

《红楼梦》中有大美，这是《红楼梦》的魅力持久不衰的原因之一。

《红楼梦》问世不久，坊间就有"开谈不说红楼梦，读尽诗书亦枉然"的美谈。清代嘉道间人王希廉评价说："一部书中，翰墨则诗词歌赋，制艺尺牍，爰书戏曲，以及对联匾额，酒令灯谜，说书笑话，无不精善；技艺则琴棋书画，医卜星相，及匠作构造，栽种花果，畜养禽鸟，针黹烹调，巨细无遗；人物则方正阴邪，贞淫顽善，节烈豪侠，刚强懦弱，及前代女将，外洋诗女，仙佛鬼怪，尼僧女道，娼妓优伶，黠奴豪仆，盗贼邪魔，醉汉无赖，色色皆有；事迹则繁华筵宴，奢纵宣淫，操守贪廉，宫闱仪制，庆吊盛衰，判狱靖寇，以及讽经设坛，贸易钻营，事事皆全；甚至寿终夭折，暴亡病故，丹戕药误，以及自刎被杀，投河跳井，悬梁受逼，并吞金服毒，撞阶脱精等事，亦件件俱有。可谓包罗万象，囊括无遗。岂别部小说所能望见项背。"《红楼梦》确实是中国古代社会生活的一部百科全书。

对《红楼梦》中物质文化的研究，前人已经有不少成果问世，诸如医药、园林、饮食、服饰等等，都出了专著或专集，对于帮助我们更深入地理解《红楼梦》，起到了引路的作用。但同样不可忽视的是：尽管《红楼梦》的问世离我们只有两百余年，但世事变迁，沧海桑田，近百年来传统国学衰微甚至中断，以致出现了很多对《红楼梦》和《废艺斋集稿》中的物质文化基本知识的隔膜、曲解甚至无知。有的人甚至认为曹雪芹不可能写出《废艺斋集稿》这样的工艺技术著作，似乎曹雪芹只是一位会写锦衣纨绔、情天恨海的贵族公子哥；似乎曹雪芹如果还是一位伟大的工艺技术家、曾经写作过《废艺斋集稿》这样的工艺技术著作，就是亵渎了贬低了曹雪芹。

这实在是极大的偏见。

其实，无论中国古代还是西方文艺复兴时代，伟大的文学艺术家同时也是伟大的工艺技术家的例子比比皆是，如墨子，如沈括，如宋徽宗，如达·芬奇，如李渔。对这些思想者而言，两者之间没有高下，它们的美是互通的，差别只是表现形式不同而已。宋徽宗是一位画家，同时也是工艺技术家，主持编写了《宣和画谱》和《宣和风筝谱》，曾写诗赞美刻丝技艺："雀踏花枝出素纨，曾闻人说刻丝难，要知应是宣和物，莫作寻常黹绣看。"白居易对纺织也很内行，诗中也多次写到纺织之美。

伟大的文学艺术家都是具有高度审美能力的人。康德认为，在想象性艺术中，天才就是表达超出自然的审美意象的能力。我想这首先是因为，他们具有杰出的观察和体验美感的能力，而有些美感是常常容易为人忽略的；其次他们具有杰出的表达这种美感的能力，包括意象化、抽象化表达的能力；再次，他们具有创造一种"陌生的美"的能力，能把人情风俗、社会百态推向一个陌生的审美高度。我个人的《红楼梦》阅读体验常常如此。我惊异在曹雪芹的笔下，连泼皮无赖、贩夫走卒的描写，甚至像"酸凤姐大闹宁国府"以及查抄大观园时探春那十分给力的一巴掌，那些细致入微的物质生活和工艺技术的细节描写，都会带给我爱不释手的阅读快感，使我惊异于曹雪芹的时代，文明可能达到的难以想象的高度。我想这就是一种陌生的审美体验，它促使多少《红楼梦》的读者和研究者甚至付出终生的心血，想要了解它成书的秘密：这部伟大的著作是怎样写成的？从自然观的角度作一些探索，试图为回答这个问题添加一点砖瓦，是本书作者的希望。

二、人化的自然

《红楼梦》的故事是从一块人化了的石头开始的。说的是女娲氏炼石补天,炼成高经十二丈、方经二十四丈之三万六千五百零一块石头。女娲氏用了三万六千五百块,只单单剩了一块没有用,弃在大荒山无稽崖青埂峰下。这石头经过煅炼,已获灵性,能通人意,说人语,喜怒哀乐无所不具。因见众石俱皆得补天,独自己无材不得入选,遂自怨自叹,日夜悲号。后被经过青埂峰的一僧一道提携,得入红尘,经历了几世几劫,到那"昌明隆盛之邦,诗礼簪缨之族,花柳繁华地,温柔富贵乡"走了一圈后,又回到青埂峰下,将自己的经历镌刻在石头上。

这是将自然之物人格化的手法。

将景物、动物、植物等自然实物用拟人化的手法演绎成故事,是文学作品、特别是小说常用的手法,中国上古神话故事,如《精卫填海》等即是如此。远古时代人类力量还不强大,在自然界面前常常势单力薄无能为力。幻想借助神力保佑自己,这是很自然会生发的祈求和愿望。上古时代的图腾很多是动物植物,特别是体型壮硕或凶猛的动物,或对人类生活有直接帮助的动植物等,都会成为原始部落的图腾,就是源于这样的心理需求。

至后代的小说,这类的拟人化手法演绎故事的代表作是《西游记》和《白蛇传》。小说中的孙悟空、白娘子都是以救世者、保护者角色出现的,仍然是人类在自己力所不能及的情况下,靠想象延伸和扩大自己的力量、实现善恶有报的精神寄托的产物。上述神话故事中超人力量的化身,尽管也曾历经种种危险和考验,甚至九死一生,但最后都是世事中的成功者、强者，结局圆满，皆大欢喜。这类拟人化手法是自然的人化，它将原本属于自然之物上升为人格神。

而《红楼梦》中出现的这块顽石，从一开始就是以被遗弃的废物这样的人格姿态出现的。最后回归青埂峰下时，虽然已经看破种种，但有一点却是这位世事中的失败者不能舍弃的，即："然而闺阁中历历有人，断不可因我之不肖，而使其湮没无闻。"——"石头"（作者）撰写这部《石头记》，他的动因之一是"传人"，说得明白点，这块石头从一开始堕入红尘，就不是来建功立业的，他是来为人立传的。为什么人立传呢？为大观园中闺阁女性为代表的那些年轻美好的生命。石头——通灵宝玉——贾宝玉的代表性说法就是"女儿是水做的骨肉，男子是泥做的骨肉。我见了女儿便清爽，见了男子便觉浊臭逼人"。我将贾宝玉的这一寄托在女儿身上的人生理想用"女儿图腾"来概括。大观园这个女儿国为贾宝玉提供了一个感悟"女儿图腾"的理想园地。

他的追求成功还是失败了？或者说，他的女儿图腾转化为他现实人生的情感支撑了吗？女儿图腾使他的人生获得了超凡脱俗的精神力量了吗？

我的回答是：一定意义上，一定范围内，是的。

这话怎么理解？

贾宝玉在现世生活中找到了他的人生知己——绛珠草化身的林黛玉，这个知己的意义除了一般男女之间的两情相悦，更是在末世苍茫中的相呴以湿相濡以沫。鲁迅说："悲凉之雾遍被华林，然能呼吸而感受者，唯宝玉一人而已。"但在我看来，还有一位林黛玉。对这渐次逼近的末世苍凉，她比贾宝玉还要敏感。在大观园里的日子还处于鲜花著锦烈火烹油的虚假盛世时，她就唱出了"花魂鸟魂总难留，鸟自无言花自羞。愿侬此日生双翼，随花飞到天尽头"的悲歌。林黛玉的悲歌不仅是为自己注定要破灭的理想爱情而吟唱的，一个证明是：即使林黛玉被这灵河仙露的日日浸润而感动并誓以一生的眼泪去报答，她也始终是一位悲剧性格人物。"天性喜散不喜聚"，现世生活中的种种"虚热闹"并不足以支撑她的全部精神和情感世界。她是以诗性思考的人，她的眼睛早早就看向了天尽头，并再三追问"何处有香丘"。我们现在不能确切地知道曹雪芹是怎样安排林黛玉的最后结局的，但无论具体是什么，林黛玉肯定是在末日降临的前夕离开的。正如她自己所说的："质本洁来还洁去，不教污淖陷渠沟。"

顽石——神瑛侍者——贾宝玉身上酒神精神多一点，"只愿长聚，生怕一时散了添悲；那花只愿常开，生怕一时谢了没趣；只到筵散花谢，虽有万种悲伤，也就无可如何了"。在那样浓重的末世腐朽气息的严酷环境下，他们的爱是需要极大的勇敢和抗争精神的。不仅因为那个末世的世俗规则对人性的桎梏，更因为他和她本质上都是叛逆者。何况大观园也并非世外桃源，也仍然是"一个个不像乌眼鸡似的？恨不得你吃了我，我吃了你"。身处这样的环境，贾宝玉提升自己人性化生活质量的唯一办法是躲进他的"女儿图腾"理想中，享受那触手可及真实温暖的人性美好。它们集中体现在那些纯洁的女儿们身上，又以林黛玉为这人性光辉的理想化身。贾宝玉说，林妹妹从来不说这些（鼓励他以牺牲人格尊严为代价、以死读八股文章为手段的求取功名向上爬的）"混账话"。因而，贾宝玉不避人嫌、不计得失全心全意地爱林黛玉。他的掷地有声的"诉肺腑"，并非仅仅是一般的男女之爱。在林黛玉身上，他找到了他所追求的"女儿图腾"理想。

这是《红楼梦》作为一部伟大文学作品不同于以往任何小说作品的本质区别：它不像那些将自然人格神化的作品，满足于使人类保持一份遥远而神秘的敬畏感。《红楼梦》的内在精神气质是高度人性化的，《红楼梦》升华了中国传统古代文学作品中的人格神，使神话的顽石和绛珠仙草，升华为神格的人。也因为如此，这块被遗弃的顽石能始终不离不弃它的自然本质：凡是违反人性的一切都遭到顽石——贾宝玉——的激烈抵抗。大到厌恶功名科举，结交三教九流，只在女儿们身上用心；小到大观园里试才题对额时，为了一个稻香村的设计构思不合自然情趣而顶撞贾政，很"牛心"地追问何为"天然"二字。为了捍卫他对自由的向往、对科举的厌恶和对林黛玉的认同，他不惜当面得罪薛宝钗，说是清清白白的一个女儿，也学那国贼禄蠹之流讲究功名，然后拔腿就走。因为结交伶人而挨了贾政的暴打之后，他却说：我即便为这些人死了，也是值得的。最后回归到青埂峰下，还不忘用一大篇什么"以往有赖天恩祖德、背负父兄教诲、现今又如何悔恨"之类的鬼话，把一僧一道糊弄得云里雾里，把他的故事抄录下来，流传人间。其实是为着"闺阁中历历有人"，他要让她们流芳千古。

汉娜·阿伦特在《黑暗时代的人们》中有一段话，或者可以为曹雪芹创作《红楼梦》的宗旨作注："即使是在最黑暗的时代中，我们也有权去期待一种启明。这种启明或许并不来自理论和概念，而更多地来自一种不确定的、闪烁而又经常很微弱的光亮。这光亮源于某些男人和女人，源于他们的生命和作品，它们几乎在所有情况下都点燃着，并把光散射到他们在尘世所拥有的生命所及的全部范围。"书中的贾宝玉、林黛玉，书的作者曹雪芹就是这样的人。这些光或许真是微弱的、闪烁不定的，但如果不是曹雪芹记录下它们，闪烁过后就会杳无声息地熄灭了。曹雪芹没有让它熄灭，在绳床瓦灶、茅椽蓬牖、举家食粥酒常赊的条件下，用他的传神文笔，为我们留下了这些光亮。让我们知道在那个黑暗时代，曾经有这样美丽地生活过的那些男人和女人的人性在闪光。

三、夹缝中的天才

《红楼梦》第二回，冷子兴演说荣国府，说贾宝玉将来"色鬼无疑"。贾雨村正色，说到正邪两气与人的来历："天地生人，除大仁大恶两种，余者皆无大异。若大仁者，则应运而生；大恶者，则应劫而生。运生世治，劫生世危。尧、舜、禹、汤、文、武、周、召、孔、孟、董、韩、周、程、张、朱，皆应运而生者。蚩尤、共工、桀、纣、始皇、王莽、曹操、桓温、安禄山、秦桧等，皆应劫而生者。大仁者修治天下，大恶者扰乱天下。清明灵秀，天地之正气，仁者之所秉也；残忍怪癖，天地之邪气，恶者之所秉也。今当运隆祚永之朝，太平无为之世，清明灵秀之气，所秉者，上至朝廷，下至草野，比比皆是。所余之秀气，漫无所归，遂为甘露，为和风，洽然溉及四海。彼残忍乖僻之邪气，不能荡溢于光天化日之中，遂凝结充塞于深沟大壑之内，偶因风荡，或被云摧，略有摇动感发之意，一丝半缕误而泄出者，偶值灵秀之气适过，正不容邪，邪复妒正，两不相下，亦如风水雷电，地中既遇，既不能消，又不能让，必至搏击掀发后始尽。故其气亦必赋人，发泄一尽始散。使男女偶秉此气而生者，在上则不能成仁人君子，下亦不能为大凶大恶。置之于万万人中，其聪俊灵秀之气，则在万万人之上；其乖僻邪谬不近人情之态，又在万万人之下。若生于公侯富贵之家，则为情痴情种；若生于诗书清贫之族，则为逸士高人；纵再偶生于薄祚寒门，断不能为走卒健仆，甘遭庸人驱制驾驭，必为奇优名娼。如前代之许由、陶潜、阮籍、嵇康、刘伶、王谢二族，顾虎头、陈后主、唐明皇、宋徽宗、刘庭之、温飞卿、米南宫、石曼卿、柳耆卿、秦少游，近日之倪云林、唐伯虎、祝枝山，再如李龟年、黄幡绰、敬新磨、卓文君、红拂、薛涛、崔莺、朝云之流，此皆易地则同之人也。"

以上曹雪芹借贾雨村之口对正邪两赋之气和秉其气而生的人的论述，是曹雪芹的一个非常重要的思想，即对具有此类异常禀赋和气质的人的理解。这类人是什么人？我的回答是：天生的艺术家，是具有高度艺术天赋和创造力的特殊人群。

曹雪芹认为：

一是，天地之间原有正邪两气。大仁者应运而生，修治天下；大恶者应劫而生，扰乱天下。

二是，正气之余，还有一种不能得到满足和归宿的灵秀之气在自然界飘荡。如果这灵秀之气偶然碰撞到邪气，两者会互不相让并产生激烈冲突。值得注意的是，曹雪芹不认为正气和邪气之间是一方战胜另一的关系，它们会始终互相矛盾互相冲突却又互相依存，"搏击掀发后始尽"。它们会寻找一个机会或出口爆发、宣泄。如果这正邪两气赋予一人之身，则既不会成为治世的仁人，也不会成为扰世的恶人。

三是，这样的人有很高的天赋，聪俊灵秀之气在万万人之上。同时其乖僻邪谬不近人情之态又在万万人之下。就是说，这样的人是极为性情化、只活在自己内心、不理会人情世态规则和要求的人，用现代心理学语言表达，是具有一定偏执倾向的人。

四是，古往今来那些在文学、艺术上最有作为、成就最高的人，就是这样一些人。这些人无论在社会中处于什么位置，绝不会甘于平庸碌碌无为，而必将会顽强地表现自己，特别是在文学艺术上往往能取得不凡成就。恰恰是这种人，曹雪芹对他们的评价最高，列举了一大串光辉的名字。曹雪芹着力塑造的贾宝玉是这样的人；终日游荡在离恨天外、灵河岸边，五内郁结着一段缠绵不尽之意的绛珠草——林黛玉，也是这样的人。所以，大观园中的诗人，被公认为"最善评"的李纨评价说，"只得推潇湘妃子为第一"。别的人如薛宝钗也是诗人，也能写出很好的诗，但薛宝钗却认为，对于女儿家，诗不过雕虫小技而已，还是针黹女工，即一个贤妻良母的标准要紧。薛宝钗不具有真正的诗人之魂，她绝不会有林黛玉的"无赖诗魔昏晓侵"式的心灵体验，她更不会写出《葬花吟》这样的千古名作。她的理想人生是"好风凭借力，送我上青云"，世俗社会要求的伪健康标准压抑了她的天性。

其实人性本就是正邪两赋、善恶并存的产物，只不过正人君子不敢承认自己的天性中有邪的一面，而大凶大恶之人则没有能力审视自己的邪恶。只有艺术家敢于为自己的内心而活，敢于承认人性的善恶交织。因为他们的使命是忠于艺术，而艺术需要的是真实情感的袒露，伪善、遮掩、躲藏，在艺术之神面前，无法藏身。《红楼梦》说贾宝玉是"古今第一淫人也"，其实这是对贾宝玉最高的评价。因为这"淫"指的不是色情，是真性情，是贾宝玉"天性中的一段风流"——情痴情种——兼爱的能力。

只有这些夹缝中的天才以及他们留下的作品能最大限度地接近和震撼后人的心灵，能最深刻地影响后人的精神生活。持久不衰的《红楼梦》热就是最好的证明："那些一直为人性珍视的东西，仍将为我们的子孙后代所珍视。"

第二章

堂前䳾鷇焕烟霞在说什么

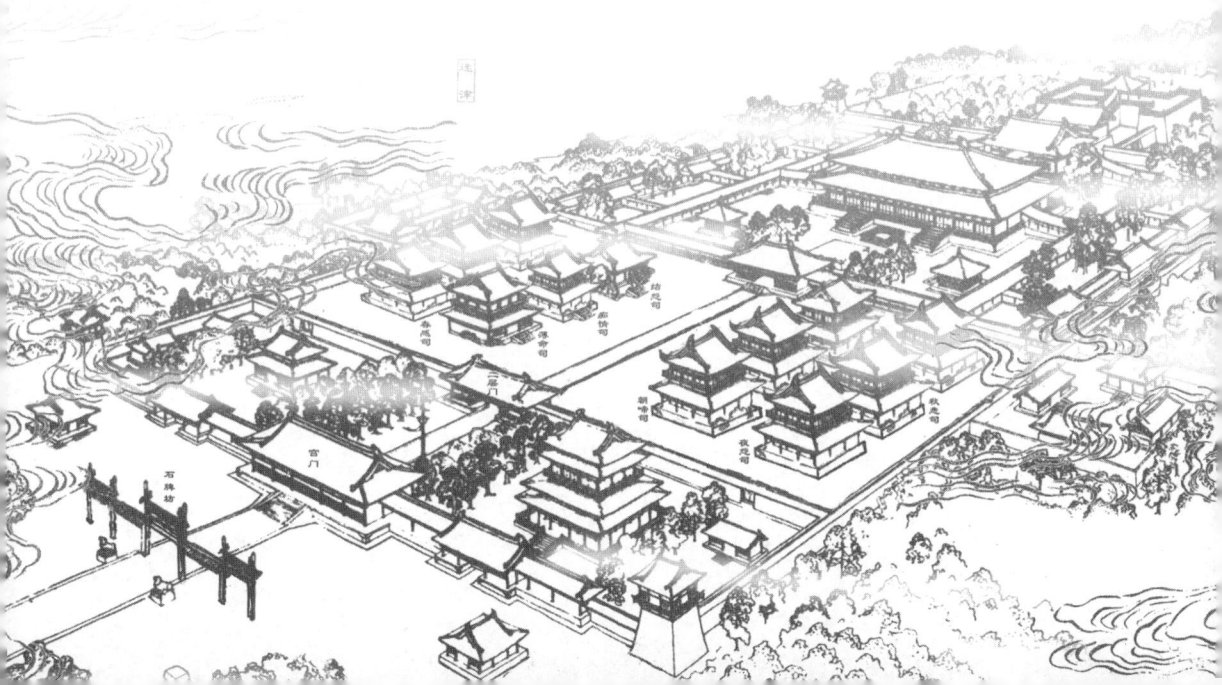

一、荣禧堂匾额对联新解

《红楼梦》[①]第三回写林黛玉初进荣国府所见荣禧堂景象："进入堂屋中，抬头迎面先看见一个赤金九龙青地大匾，匾上写着斗大的三个大字，是'荣禧堂'，后有一行小字：'某年月日，书赐荣国公贾源'，又有'万几宸翰之宝'。"

如果读者细心，应该注意到："又有万几宸翰之宝"几个字究竟是题字还是印章，格式如何，作者是谁，曹雪芹没有说[②]，不像"荣禧堂"匾额和对联，都清楚地交代了作者是谁、题写的是书法，甚至落款的格式是"一行小字"。"万几宸翰之宝"这几个字在这方面的情况都没有交代，提法很是含糊。这是作者的疏忽吗？不是。荣禧堂是荣国府正堂，其中的匾额、对联，绝非无关紧要，无一不是显示荣国府与皇帝的特殊关系的。那么"万几宸翰之宝"几个字来历如何？

康熙皇帝有三枚常用的闲章，一枚为"万几余暇"，一枚为"康熙宸翰"，一枚为"康熙御笔之宝"。

明乎此，就可以看出，上文"万几宸翰之宝"，是曹雪芹从上述三枚闲章中各取两个字再巧妙地化用在一起的结果。因此，这几个字到底是谁写的，是书法还是印章，曹雪芹是有意含糊过去的，或者用脂批的话说，作者使用了"烟云模糊法"，因为这几个字的实指康熙帝，是太明显了。

---

① 本书所用《红楼梦》版本为中国艺术研究院红楼梦研究所校注本第二版，人民文学出版社，1996年。并参考kolistan《红楼梦脂评汇校本》。

② 脂、程各本此处均同。

康熙御笔之宝

万几余暇

康熙宸翰

图2-1 康熙闲章

　　既然这个御笔题字之人实指康熙，那么，作为荣府正堂的对联"座上珠玑昭日月　堂前黼黻焕烟霞"当然也不会是泛泛的应景虚词。以往注释家对这副对联含义的解释仅限于字面，如将上联解释为："座中人所佩的珠玉，光彩可与日月争辉"，将下联解释为："堂上人所穿的官服，色泽犹如云霞灿烂。这是说荣府显贵。黼黻，古代高官礼服上所绣花纹。"①还有的解释更是将此联与唐人诗句中的个别用字生硬地扯在一起。这些解释其实都没有真正看懂这副交代荣国府与皇帝特殊关系的紧要关节之对联的真正寓意。实际上，这副对联所写的是曹家，尤其是曹寅作为康熙帝的忠实奴才充任的两个主要角色和由此带来的曹家经历及命运。甲戌本在此处有一夹批："实贴"，即此副对联是贴切的写实。那么这副对联究竟蕴含着什么"实贴"之事呢？

先看上联："座上珠玑昭日月。"珠玑：本意指珠玉。《墨子·节葬下》："然后金玉珠玑比乎身。"后亦代指文采斐然。唐方千《赠孙百篇》："羽翼便从吟处出，珠玑续向笔端生。"唐刘禹锡《喜遇刘二十八偶书两韵联句》："清谈如水玉，逸韵贯珠玑。"则珠玑代指文章及文采，唐诗中已比比可见。而"座中人"指谁，又应与这副对联的落款联系起来理解。落款是："同乡世教弟勋袭东安郡王穆莳拜手书。"教，通交②，世教即世交。这副对联手书人穆莳与荣国府既是同乡又是世交。换句话说，是了解荣国府身世底细的人，当然应该知道，荣国府即使有御笔题匾的荣耀，也毕竟是皇帝的臣下和奴才，因此其所题对联的内容和口气，应该是对御笔题赐的补充甚至颂圣，而不会也不应该是在御笔题赐面前的炫耀。"珠玑是座中人所佩的珠玉，如日月般光彩照人"的解释，虽然表现了荣国府的富贵，却是对御笔题赐的不敬。因此，"座中人"也不会是指"荣国府座中佩戴珠玉的人"。

"座上珠玑昭日月"一句，实指的应该是曹寅在束发之年即十二三岁时即入侍康熙，为康熙帝的"佩笔侍从"③，即康熙帝实际上的伴读。对这段经历，曹寅后来曾有"佩笔廿年充侍从，筹更五夜坐将军"④及"佩笔二十年，画字苦不了"的诗句记之⑤。曹寅舅氏顾景星的《荔

① 蔡义江，《红楼梦诗词曲赋鉴赏》，中华书局，2001年，第23页。红研所本也取此说。
② 王海根编纂，《古代汉语通假字大字典》，福建人民出版社，2006年，第2页。
③ 刘上生，《曹寅入侍康熙年代考》，《中国文学研究》，2000年第2期，第26～29页。
④ 胡绍棠笺注，《楝亭集笺注》，《楝亭诗钞卷七·避热》："佩笔六番充侍从，筹更五夜坐将军。"北京图书馆出版社，2007年，第302页。
⑤ （清）曹寅，《楝亭诗钞卷四·雨夕偶怀桐皋僧走笔得二十韵却寄》。

轩草序》云：曹寅"束发即以诗词经义惊动长者，称神童。既舞象，入为近臣"。曹寅自己也有"窃念臣从幼豢养""臣自黄口充任犬马"的自述①。加上曹玺妻孙氏是康熙帝的保姆等多方面关系，曹寅少年时代充任康熙的伴读应该是可信的。那么，荣禧堂对联的"座上人"应指曹寅，而"珠玑"句应是指曹寅的文章可衬托和昭显日月——康熙帝的文采——更加焕然。

康熙八年除鳌拜后，南怀仁担任了钦天监副。这时起，南怀仁、徐日升等开始给康熙帝讲解自然科学。自此，康熙帝终其一生都在努力学习西方自然科学。尽管康熙帝的这些学习甚至研究活动基本只限于他的个人兴趣，其学习范围也基本局限在他的御书房内，没能像明末那样形成传教士与士大夫之间的科学交流活动，更没能形成科学思潮和社会发展的动力，从而失去了一次宝贵的中国传统科学与西方近代科学对接的历史机遇②。但对"童稚入侍"的曹寅而言，这样的学习经历不仅对他的知识结构、世界观等产生深刻影响，而且也由此建立了康熙帝与曹寅之间深厚的主奴情谊与信任，对曹寅一生乃至对曹家的兴衰荣辱带来了深刻影响，并由此奠定了《红楼梦》诞生的条件之一——曹雪芹的家世背景和命运遭际。

再看下联："堂前黼黻焕烟霞。"黼黻一词最早见《尚书·益稷》："予欲观古人之象，日月星辰山龙华虫作会，宗彝藻火粉米黼黻绨绣。以五彩彰施于五色。作服。汝明。"黼黻是皇帝专用的衣饰纹样"十二纹章"之二，黼是一只斧形，黻是黑白相对、形状相反的一对弓字形纹样。唐佚名《郊庙歌辞·周郊祀乐章》诗："黼黻龙衣备，琮璜宝器完。"《顺治朝实录》："衮冕黼黻，代有不同。"以"黼黻"代指皇帝衣饰及服用织物，自古皆然。"堂前黼黻焕烟霞"实指的是曹玺、曹寅任苏州织造、江宁织造，为康熙办理"黼黻采章之事"。曹玺于康熙二年出任江宁

---

① 故宫博物院明清档案部编，《关于江宁织造曹家档案史料》，中华书局，1975年，第78、82页。
② 席泽宗，《论康熙科学政策的失误》，《自然科学史研究》，2000年第一期，第18~29页。

织造，至二十三年卒于任，凡二十一年。曹寅于康熙二十九年六月由内务府广储司郎中出任苏州织造，在任三年余；三十一年十一月出任江宁织造至五十一年六月卒于任，在任十九年余。曹寅卒后，曹颙五十二年初出任江宁织造，约五十三年底卒于任，在任两年。五十四年初曹頫接任江宁织造，在康熙朝江宁织造任上七年，在雍正朝织造任上五年。曹家三代四人在织造任上为康雍两朝操办上用织造事物几近一个甲子。曹寅任江宁织造期间还兼任刻书等诸多事务，并与李煦轮流兼任盐政。江宁织造的使命就是专为皇家制织以云锦为主的上用衣料及诰帛等织物。康熙《江宁府志》："江宁局务重大，黼黻朝祭之章出焉。"

以上考证可看出，荣禧堂对联确非泛泛闲文，而是实指曹寅少年时曾为康熙帝的伴读，成年后出任江宁织造（兼任盐政）的经历，这也正是荣国府特殊身份和经历的实际而贴切的写照。

正是曹家的家世，尤其是曹寅，也包括曹頫的经历、品格、人文修养、精神追求，甚至自然科学及工艺技术方面的知识和观念等等，全面深刻地影响了曹雪芹，加上曹雪芹杰出的个人天赋和他自己的经历和命运，才有了《红楼梦》《废艺斋集稿》诞生的主客观条件。这些条件是缺一不可的。而历史就是这样在一个相对集中的时间和空间里，将一个千古不朽的世界名著的诞生所需要的种种苛刻条件都夤缘际会地汇聚在一起，孕育并诞生了《红楼梦》和《废艺斋集稿》。我认为，在这些众多条件中甚为重要的是：曹雪芹作为两书的作者，他首先是一位思想者。他既有高度的本我体验的情感能力，又有深刻的超我的思考能力。而且他还具有将两者水乳交融地结合在一起加以形象化、意象化及抽象化表达的能力。他在关心现世人生的种种离合悲欢的同时追寻事物的本源。因此，他既有《好了歌》那样人情世态的穿透和嘲讽，也有"天尽头，何处有香丘"的人生归宿诘问；既有事物生成、结构和演化的阴阳学说及正邪两赋观，也有对物质文化细节的描述和赞美；既有对工艺技术内容的研究和创造，也有对其源流的探讨和总结。

二、编织之艺，其来有自

编织是用具有一定韧性的纤维如竹丝、藤皮、柳条、草茎、丝线等，按照一定的规则手工编结，使纤维互相交织为较紧密的编织物。编织物品具有很强的实用性质，既是日常生产用具、生活用品，又由于编织纹样的千变万化而具有直观美感。

编织早于纺织，纺织源于编织，这是世界各古文明的共同规律。编织与人类生活关系密切，特别是在早期。《易·系辞下》："古者包牺氏之王天下也……作结绳而为网罟，以佃以渔。"在古代物质产品相对贫乏的情况下，上述各类编织物品的出现，直接提高了人类的生产生活质量。我国很多新石器时代遗址都有编织物遗迹。河姆渡遗址曾出土编织的芦席残片，其纬浮长约为十六根，距今约七千年。磁山文化遗址、半坡遗址及其他新石器遗址都出土大量编织物印痕陶器。这些早期的编织物印痕有席纹、绳纹、篮纹、方格纹、弦纹、螺旋纹等。半坡遗址的陶器底部席纹印痕，经复原，

图2-2　梅花络

纹样约为十一种。钱山漾新石器遗址出土两百多件竹编器物，有竹席、竹篓、竹篮、竹笋、竹簸箕等。

《废艺斋集稿》残篇中，曹雪芹有一段文字论述纺织工艺的源流："编织之艺，其来有自。周秦以降，代有增益。汉之织工，巧运经纬，唐之篾匠，妙施纵横。非仅施诸机纺，亦且用于组编。宋锦明绣，号称神功。"

编结技艺在中国古代是展示女性聪慧和技巧的重要女红，《红楼梦》中多次提到结艺。第二十四回，"袭人因被薛宝钗烦了去打结子"；第三十二回，"怪道上月我烦他打十根蝴蝶结子"；第三十五回，"黄金莺巧结梅花络"，宝玉请莺儿为自己打装在汗巾子上的络子，莺儿提到的花样有一炷香、朝天凳、象眼块、方胜、连环、梅花、柳叶、攒心梅花等名色。

清代皇服和官服所佩的朝带上也普遍使用结艺。从形式看，应该属

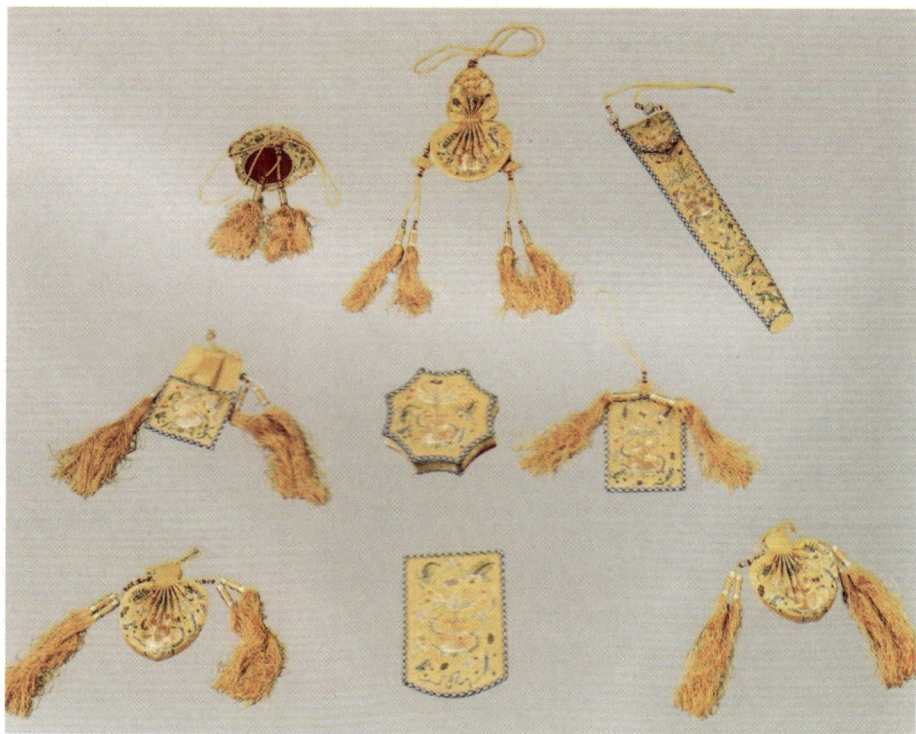

图2-3 清晚期荷包、扇套、粉盒、烟荷包等

于莺儿所说的"一炷香",即棍式络子。《红楼梦》第十八回,宝玉佩戴的荷包、扇囊等被小厮们尽数解去,黛玉以为自己为宝玉做的荷包也被拿走了,赌气把给宝玉做的香袋铰了。清人习惯于将荷包、香囊、扇套等挂在腰侧,这些随身的小挂件都是用编结的络子穿在腰带上的。

曹雪芹的朋友敦敏所著《瓶湖懋斋记盛》一文记,乾隆二十三年春,敦敏往白家疃访曹雪芹不遇,但见曹雪芹在白家疃的新居虽然简陋,但"院落整洁,编篱成锦"①。曹雪芹书箱上保存的曹雪芹手书的五行书目中,有"芳卿自绘编锦纹样草图稿本之一""芳卿自绘编锦纹样草图稿本之二",两次使用了"编锦"一词,与《记盛》的提法一致。不同的是,《记盛》中的编锦是院落篱墙,它可能是使用柳条等草木材料编织的。书箱上的编锦可能主要是指丝线的编织,即《红楼梦》中所记的结艺:"非仅施诸机纺,亦且用于组编。"组编,组带编织。《禹贡》:"荆州产……玄缥玑组。"玄缥是黑、绛红二色;玑,珠玑,珠玉;组为组带。玄缥玑组是指以黑红二色丝线编结的穿珠玉的丝带。此记载与马王堆一号汉墓出土千金绦分析结果基本相符,应是同属楚汉文化的荆、湘地区之传统工艺产品。"非仅施诸机纺,亦且用于组编",编织与纺织的原理是一样的,都是使用纤维的交织、色彩和纹样的变化结构成织物。不同的是,前者是纯手工编织,后者需借助工具和机械制织。

"周秦以降,代有增益。"秦汉时,编织工艺已经不限于藤草等植物纤维,开始出现了丝编,用于美化服饰。马王堆一号汉墓出土一件名为"千金绦"的丝带,是手套带,为纯手工编织,幅宽0.9厘米,幅内以不同色丝分为左、中、右三行。左右二行为雷纹,中间行为明暗波折纹及篆文"千金"字样,每行的幅宽只有0.3厘米。这件丝带没有纬线,是用经线互相交叉编织的。丝线为双层,黑红白三色,利用丝线的

色彩交替和表里互换交编产生花纹，织物结构正面与反面相同①。马王堆一号汉墓的主人只是西汉时长沙一个诸侯国的国君夫人，但其随葬物品之精美，尤其是纺织品与漆器的精美，达到今人难以想象的程度。

图2-4 马王堆出土"千金绦"及组织图

① 上海市纺织科学研究院，《长沙马王堆一号汉墓出土纺织品的研究》，文物出版社，1980年，第56页。

如果不懂得结艺，曹雪芹是不可能在《红楼梦》中多次具体地写到结艺的；如果没有对结艺文化内涵的深刻了解，也是说不出"编织工艺，其来有自"等这样的见解来的。

三、宋锦明绣，号称神工

《废艺斋集稿》残篇："溯自蚕丝之用，网、罟、扭、结之艺，渐以精进，始有丝织之法。初则平织，进而纹织。其色也则由纯而杂，其纹也则由简而繁。愈衍愈妍，愈传愈巧。若以工贾之艺而鄙弃之，则其居心何所，可以想见矣。"

曹雪芹论述丝织源流的文字，在中国古代典籍中为仅见。可以说，曹雪芹是中国古代第一位纺织技术史学家，他对纺织技术本身不仅很内行，对纺织技术史的见解也完全符合史实。上述论述中，曹雪芹将丝织工艺的起源和发展分为几个阶段：

一是起源阶段，从编织到纺织："网、罟、扭、结之艺，渐以精进，始有丝织之法。"

二是从平纹织物到斜纹织物："初则平织，进而纹织。"

根据目前为止的考古发掘成果，钱山漾遗址发现的最早的丝绢即为平纹织物。而目前发现的最早的斜纹织物是商代铜铃、铜钺上的纹绮。

三是织锦的出现："其色也则由纯而杂，其纹也则由简而繁。"

锦是中国古老的提花丝织物，据文献记载，约起源于商周时期。《尔雅·释采帛》："锦，金也。作之用功重，其价如金。"《六书故》："织采为文曰锦。"即锦是用彩色丝线制织的提花织物。《考工记》所记的湅漂分为湅丝和湅帛。湅丝一是为了制织素色织物，一是为了将织锦需要的彩色丝线作前处理和染色。

四是"愈衍愈妍，愈传愈巧"。

战国至秦汉，织锦已经十分精美。南方以江陵马山织锦和马王堆织锦为楚汉文化织锦的代表作，北方则以东汉织锦为代表作，风格差别明显。江陵马山战国墓出土的"舞人动物纹锦"，以粗壮的矩形框架分割纹样主题，框架内为变形螭虎和三角形云雷纹。主题纹样有龙、凤、麒麟、螭虎、孔雀、雉鸡、舞蹈人物等七种呈几何形纹样，两两对称。一个完整的花纹循环经线达7760根。马王堆汉墓则出土了工艺十分复杂的起绒锦。东汉织锦以设色厚重、分区换色、铭文入锦为特点。魏晋时，西北地区出现了织成锦，在起花片段上采用了通经回纬技术，它是后世纬锦的雏形。唐锦开始较多地采用纬起花，因换色方便，故花纹的表现不再生硬，故唐锦花纹多丰满硕大，色彩鲜艳明快。至宋，纬锦已经成为织锦的主流。宋锦设色沉稳，花纹典雅，除服用外，也多用于装裱书画。元锦的特点是以金线入织锦，织金锦富丽堂皇，光彩耀目。

图2-5 江陵战国墓出土舞人动物纹锦

云锦是明清织锦的代表。云锦一词中古时就已出现，有时指自然景物，唐刘兼《郡斋寓兴》："秋庭碧藓铺云锦，晚阁红葵簇水仙。"有时指织物，唐元稹《阴山道》："从骑爱奴丝布衫，臂鹰小儿云锦韬。"韬，臂套。云锦明代多称"彩妆"，即彩色妆花。"云锦"一词较确切地指南京所产的特色织锦，从已知资料看，还应是明末吴梅村《望江南》之一所说的："江南好，机杼夺天工。孔翠装花云锦烂，冰蚕吐凤雾绡空。新样小团龙。"装通妆，装花即妆花。吴梅村是江苏太仓人，生活于明末清初，因此对江浙一带明清之际的生活应该是熟悉的。词中所说的云锦应是其时南京所产以妆花为特色的云锦，是以通经回纬手法在地组织上挖织花纹片段的云锦，又称妆缎。通经回纬法，《废艺斋集稿》残篇称："纤丝带脚（不切断前一纤丝之意。又，纤丝者，纬丝也）。挖花之法，乃因欲减少织物层数，故于某些部分采用挖花。"挖花使用的纬丝可一梭一换线，配色自由，因而可最大程度追求色彩纹样的逼真，真正起到锦上添花的作用。挖花与刻丝的区别是：前者是在地组织上挖织，后者则仅在经丝上挖织，因而挖花织物妆缎的坚牢度大于刻丝。妆花缎应是魏晋时织成锦、唐宋纬锦、宋刻丝、元织金锦等多种技术的集大成者。《废艺斋集稿》残篇："织锦之要，在于组织经纬之丝。机上每以五枚至八枚而织多层之缎。"清代云锦有五枚缎、八枚缎品名。"织花时，色丝于浮文之表，显露甚大，多用换梭换色长织。"长浮纬是云锦的重要特色，显露于浮文之表的色丝，有光彩耀目的效果，更显织物富丽华贵。

《红楼梦》中多处提到妆缎、妆花。第十七回，贾琏向贾政汇报大观园工程进度，帐幔帘子清单中有"妆蟒绣堆、刻丝弹墨各色绸绫大小幔子一百二十架"。脂批批道："（妆蟒绣堆）一字一句；（刻丝弹墨）二字一句。"这是脂砚怕读者看不懂，因此特意点明。这里妆指妆花，蟒指蟒缎，绣是刺绣，堆指堆花绣，刻丝是通经断纬丝织品，弹墨是型版防染绫织物，都是制作十分费工的名贵丝绸织染和绣品。为了迎接元妃省亲（实指康熙南巡）而建的大观园的排场，仅帐幔一项就如此奢靡。《红楼梦》第二十八回，凤姐让宝玉帮助写几个字，是"大红妆缎四十匹，蟒缎四十匹，上用纱各色一百匹，金项圈四个"。第四十九回，史湘云"里面短短的一件水红妆缎狐肷褶子"。第五十二回，宝玉穿一件"大红猩猩毡盘金彩绣石青妆缎沿边的排穗褂子"。第五十六回，江南甄府的礼单上，有"上用的妆缎蟒缎十二匹"。值得注意的是：江南甄府的礼物是送给贾府的，里面居然有上用的妆缎和蟒缎，这是否僭越呢？其实，妆缎的纹样除团龙、团凤等外，也有梅兰松竹、水波纹、狮、鹤、鹿、蝶、花卉、珍宝器物等各种吉祥纹样。这份礼单上并未说上用妆缎的纹样，可能是有意回避了。贾府和甄府的人虽然穿用上用织物，但只要不是上用纹样，是不算僭越的。从中可看出：甄府和贾府影射的生活原型确为织造世家，因而才有这样大量使用上用织物的便利条件。

五是挑花结本及大花楼织机。《废艺斋集稿》残篇："排针挑花者，按所拟纹样，以丝质诸线经纬编成花本，以备挑花之用；然后可以捽花。此道程序，乃运用诸线编成花本与经丝之连系，织工蹲于提花架上，循序织之，诸线捽提一次，经丝随而浮沉一次，织者即配以一梭。"结花本是云锦织造的核心技术，明代与清代结花本的花楼式织机不完全相同，明代织工是坐在花楼上的。明宋应星《天工开物·结花本》："凡工匠结花本者，心计最精巧。画师先画何等花色于纸上，结本者以丝线随画量度，算计分寸秒忽而成之，张悬花楼之上，即织者不知成何花色，穿综带经，随其尺寸度数提起衢脚，梭过之后居然花现。"而清代"织工蹲于提花架上"，这是因为清代织造云锦常常需使用四个以上花本，织工坐着织造不能方便地够到那么多花本。

结花本是中国古代工匠的天才发明，宋应星称赞说："天孙机杼，人巧备矣。"它类似于现代的信息存储技术，花本匠人将画匠设计的纹样，用彩色丝线编结在小型纸版上，然后将花本的丝线与经丝连系起来。在花楼上操作的织工按照花本顺序将所需要提起的经丝提起，下方的织工即织一梭纬丝。上方织工放下前一组经丝，即所谓"捽花"。曹雪芹所描绘的清代花楼式花机的织造细节是非常准确的。可见，曹雪芹确实是纺织、编织工艺技术行家。

六是对鄙薄工艺技术的观念的批评："若以工贾之艺而鄙弃之，则其居心何所，可以想见矣。"

在曹雪芹的心目中，小到编结，大到结花本和织锦、提花，这样的工艺技术绝不是腐儒眼中的"工贾之艺"，它是几千年里人类用工艺技术手段将自然的美人文化成的结果。美的历程当然大量地包含着物质美

图2-6 清早期黄色织金缎彩云金龙纹夹朝服[1]

① 张琼，《清代宫廷服饰》，上海科学技术出版社，商务印书馆（香港）有限公司，2006年，第22页。这件朝服为妆花缎。

的历程，物质美的创造是中国古代美学成就的最主要表现形式之一。中国古代物质文化美的创造史，一个重要特点是"作之用功重"，只有在不惜工本和时间成本的情况下，只有在工匠有条件全力潜心于工艺技术创造的情况下，这样高度的物质美才是可能的。美的创造不是一个可以短平快的事情，尤其是工艺技术美的创造，除了需要文化的深厚积淀，它还需要密集的劳动。它凝结着祖祖辈辈无数工匠的心血和天才创造。缺乏高度的美学修养和深厚人文情怀的腐儒们的眼睛是看不到这些的，他们只会浅薄地将其一概鄙薄为"工贾之艺"。《红楼梦》中对织物、器用和服饰的大量精彩描写，除了小说情节的需要外，也是为这些没有留下姓名的工匠们树碑立传——为人类贡献了锦上添花之美的人群不应该被忘记。

四、艳而不厌，繁而不烦

《红楼梦》第三十五回，宝玉请莺儿为自己的大红汗巾子打络子，两人说起汗巾子和络子怎样配色才好看。莺儿说，大红的汗巾子须是黑络子才好看，或是石青的才压得住颜色。宝玉问松花色配什么，莺儿说松花配桃红，宝玉说这才娇艳。宝玉又问淡雅之中带些娇艳的颜色，莺儿说葱绿柳黄是她的最爱。《红楼梦》第三回写凤姐出场时穿的衣服：身上穿着缕金百蝶穿花大红洋缎窄褃袄，外罩五彩刻丝石青银鼠褂，下着翡翠撒花洋绉裙。裙边系着豆绿宫绦，双衡比目玫瑰佩。凤姐这身装扮使用的都是贵重衣料，其配色也是很讲究的，既艳丽又和谐。大红与石青是清代贵族服饰最常用的配色，第五十二回宝玉穿的大红猩猩毡雪褂就是以石青沿边的。石青色也是最常用的上用及官用服色。

第三回，林黛玉初进贾府，见王夫人日常起居的东屋陈设：临窗大炕上铺着猩红洋罽，正面设着大红金钱蟒靠背，石青金钱蟒引枕，秋香色金钱蟒大条褥。这里连用了三个"金钱蟒"，值得注意。王夫人是贾府的当家人，其屋内的陈设器用直接表示着贾府的身份地位。这里的金钱蟒指金钱蟒纹缎，按清制，是正一品官用纹样。贾府的原型曹雪芹的祖上是否享有这样的身份规格呢？康熙二十三年《江宁府志·曹玺传》记，康熙十六年、十七年，曹玺两次进京陛见，"天子面访江南吏治，乐其详剀"，"赐蟒服，加正一品，御书'敬慎'匾额"。清代正一品官服补子纹样是金钱蟒。曹雪芹这里着力写金钱蟒，正是以曹家祖上史事为《红楼梦》小说故事主要背景之一。

纹样的使用一直是中国古代礼制的重要内容。纹样的起源可以溯至上古时期。《尚书·益稷》："予欲观古人之象，日月星辰山龙华虫作会，宗彝藻火粉米黼黻絺绣。以五彩彰施于五色。作服。汝明。"这是舜帝教导臣子，观天时他所穿的礼服应有的规格，对纹样的内容和色彩的使用作了规定，这就是后世"十二纹章"的由来。后世一直沿用，至清代已十分完备。《大清会典·冠服·礼服》详细记载了皇帝冬朝冠、夏朝冠、常服、衮服、冬朝服、夏朝服、朝珠、朝带、雨雪服的规定式样，并绘有详图。

色彩的使用也属于礼的范畴。《尚书·益稷》中所说的"五色"是青、赤、黄、白、黑，为正色；绿、红、碧、紫、柳黄，为间色。按照礼的规定，上可以兼下，下不可犯上，间不可犯正，里不可犯外。意思是：上衣、外衣须使用正色，下裳、内衣须使用间色，若颠倒了就是越礼的行为。舜帝所以这样教导他的臣子，就是要以服饰的纹样和色彩作为区别等级尊卑的直观标志。

周代设职官"掌染草"，司职植物染料之事，以备染草之事"无或差忒"，染出的色彩不可以有任何偏差，保证礼的严格。上古时以玄纁二色为天地之色，其中的纁色是深绛红色，以茜草所染。茜草是上古时应用最普遍的暖色系植物染料，须有金属盐参与才能发色。先秦时大量使用的深绛红色均为茜素所染，且有"一染谓之縓，再染谓之赪，三染谓之纁"的记载，根据不同的染入工序和工艺，得到不同的色彩，并规定了色名。

曹雪芹的祖上三代四人先后在苏州织造、江宁织造任上近六十年，当然是熟悉染织工艺和历史的。曹玺曾于江宁织造府手植楝树，曹寅自号"楝亭"，并常常在楝亭与朋友聚会，饮酒赋诗。《楝亭留别》："客至皆题楝，从今有楝亭。"曹寅的好友张纯修曾作《楝亭夜话图》，三人分别题咏。曹寅《题楝亭夜话图》诗曰："紫雪溟濛楝花老，蛙鸣厅事多青草。"紫雪是说淡紫色的楝花在夜色中像溟濛的花雪一样飘落下来。楝树树冠高大、树型美丽、花香淡雅，是很好的遮阴避雨之乔木，且楝叶等草木灰也是传统的涑丝用的弱碱性碱剂。《考工记》："以楝为灰，渥淳其帛，实诸泽器，淫之以蜃。"先秦时，我国先民就已经掌握了以楝叶烧制的草木灰作为涑漂的碱剂。曹寅熟读经史，《考工记》的内容应该不陌生。

《废艺斋集稿》残篇："染料。色丝之染，尤为重要。首须选好染料，皆以植物提制而成者。如以红花制作红色染料，姜黄作杏色，柏皮作黄色，黄栌作明黄，槐米作绿色，靛青作蓝色，头蓝、二蓝、三蓝、月白等，紫草作紫色，五倍子作玄色等。若以此法炮制好之染料，染成蚕丝，虽至织物磨旧折裂，其色泽不变，亦不减退。""织锦之纹样，固鲜艳绚丽，一则依纹样之变化多端，再则乃依色彩之辅翼，二者缺一不可。"曹雪芹对染色的论述是十分内行的。如上所述，古代之染色方法一般分为线染和匹染，清代江宁织造以织锦为主，作者强调"色丝之染"，正因为织锦之需，符合当时生产实际。此外，染料品种与炮制质量对染色牢度至关重要，而纹样的变化多端与色彩的鲜艳绚丽是织锦的两个重要因素，缺一不可。据敦敏《瓶湖懋斋记盛》，乾隆二十三年时，曹雪芹还保存着《织造色谱》一书。《红楼梦》中提到的霞影纱、软烟罗、石榴裙、大红猩猩毡等，处处都说明曹雪芹是深谙染织技艺的。比如第四十回提到软烟罗，说它的颜色是"雨过天青"色，其色最娇嫩，一经日晒雨淋便褪色。盖"天青色"为清代江宁织造所染之特

色，《蚕桑萃编·染政》："天青元青江宁为上。"比如大红猩猩毡，它到底是什么织物？历来都没有确切解释。其实它不是大红色的猩猩毛做的毛毡，何况猩猩毛也不能做毡。大红猩猩是指这种毛毡的色彩，典出唐李中《咏红花》诗："红花颜色掩千花，任是猩猩血未加。"这两句诗的意思是：红花所染的红色艳冠群芳，几可将其他花色都掩盖下去，即使是猩猩血色的鲜红也无法与之相比。后世即多以猩猩血比喻红花染色的鲜艳。红花原产西域，魏晋时传入中国，至唐大盛。唐以前，我国染红大都用茜草，茜草是媒染染料，在不同的金属盐参与下可得到深浅不同的暖色系色谱，但其色谱多偏绛红色，不太容易染出鲜艳的大红色。红花是直接染料，染色工艺简单，得色十分鲜艳，且种植、采集容易，更可以制成红花饼长期保存，使得染色不受季节限制，十分方便。因而红花甫一问世，立即在中原普及开来。白居易《红线毯》："红线毯，择茧缫丝清水煮，拣丝练线红蓝染。染为红线红于蓝，织作披香殿上毯。披香殿广十丈余，线毯织成可殿铺。"红蓝即红花，这是宣城太守进贡到京城给皇帝以红花染的丝绒毯。"一丈毯，千两丝"，十丈余的红线毯需要多少红花染料？这仅是唐时宣城一地所贡。唐时著名的蜀锦便以红花染为特色，号称"真红"，多输出日本，很受欢迎。

《红楼梦》和曹氏风筝谱中有很多内容讲风筝的纹样和配色。如《比翼燕画诀》"雄羽映青彩，雌衣耀紫晖"，是青色与紫色相配；《瘦燕画诀》"裙绦彩多蓝紫绣"，蓝色与紫色相配，与青、紫相配效果相近，清新娇艳；《比翼燕画诀》"牡丹已葳蕤，红绿交相辉"；《肥燕画诀》"红润眉心花绽蕊，绿泛眼膜叶钩连"。红、绿相配，对比鲜艳，适合青春年少的男女。《红楼梦》"寿怡红群芳开夜宴"一回，芳官"束着一条柳绿汗巾，底下是水红撒花夹裤"，很是艳丽。《半瘦燕画诀》的自注说："法以佛青为底，槐黄衬之，配以红、绿、湖、紫色等，宜力求鲜明夺目。"又《瘦燕画诀》的自注说："画以烟黑为底，衬以嫩黄。"《云锦史略初稿·色谱》中记："两晕：葵黄、绿；玉白、蓝；深、浅红；古铜、紫。""三晕：水红、银红配大红；葵黄、广绿配石青；藕荷、青莲配紫酱；玉白、古铜配宝蓝；秋香、古铜配鼻烟；银灰、瓦灰配鸽灰；深、浅古铜配藏驼，枣酱、葡灰配古铜①。"

元明清时代色名有多少种，已经不可考。据元代文献《大元毡罽工物记》，元代上用色谱有绿、青、粉青、红、深红、肉红、柳黄、柿黄、赤黄、银褐等。

《元史·舆服志》记，天子和百官所用服色大红、桃红、茜红、紫、蓝、绿、黄、鸦青、银褐、枣褐、驼褐等。织造元代官用织物的织染局岁造纻丝基本色谱只有褐、绿、青三种颜色，再用这三种色谱拼染出枯竹褐、驼褐等色；用蓝草拼染出蓝青、鸦青等色，绿色为明绿。平民能使用的服色多是砖褐、艾褐、荆褐、明茶褐、暗花褐、枣褐、椒褐、金茶褐、酱茶褐等。明代以赤、黄、黑为帝王服色。明天顺二年又具体规定，官民不得使用"玄、玄黄、黑、绿、柳黄、姜黄、明黄诸色"。官员四品以上可服绯色，五至七品可服青色，八品以下服绿色，只有四品以上及在京五品以上官员和经筵讲官可以服用大红色。明洪武五年又令民间妇女礼服"惟服紫绁，不用金绣，袍彩止紫、绿、桃红及诸浅淡颜色，不许用大红、鸦青、黄色，带有蓝绢布"②。但这样的禁令并没能阻止民间染织业色谱的发展。明嘉靖末年籍没的严嵩家产中，有一万四千八百余匹丝绸及各色丝绸成衣，色彩达四十多种，红色系列有六七种；黄色系列有四种；青色系列有五种；绿色系列有九种；蓝色有两种；其余沉香色、葱白、玉色、茄花色、西洋铁褐色等十几种。可见明后期，江南丝绸染织业与元及明前期相比已经有了很大发展，这可能与明末资本主义经济萌芽及对外贸易发展有很大关系。《天工开物》、崇祯《松江府志》等文献记载的色谱约七十多种，色调也开始趋向鲜艳明亮，各种娇嫩的浅色色谱很受欢迎。色谱的趋势是社会生活和民间思潮、审美心理的最直接反映。宋明理学的"存天理、灭人欲"已

---

① 吴恩裕，《曹雪芹佚著浅探》，天津人民出版社，1979年，第63页。
②《明史·舆服志》。

经受到王阳明"心学"的挑战和突破，而日趋繁荣的江南民间经济贸易活动带来的物质繁荣也会直接表现在对色谱的需求上，客观上促进了染色技术的发展。据《江南丝绸史研究》[1]统计，明末，江南的丝绸色谱有：

红色系列：红、大红、二红、绛红、苏木红、灯红、东方晓、粉红、深桃红、浅桃红、出炉银红、金红、肉红、水红、银红、红闪色、藕色红、荔枝红、橘皮红；

黄色系列：黄、赭黄、金黄、鹅黄、姜黄、松花黄、象牙色；

青色系列：天青、真青、石青、豆青、柳青、浅青、佛头青、竹根青、燕尾青、青莲色、葡萄青、蛋青；

蓝色系列：天蓝、翠蓝、石蓝、莎蓝、浅蓝；

绿色系列：官绿、大绿、明绿、沙绿、油绿、黑绿、豆绿、柳绿、鹦哥绿、鸭头绿、大红官绿、水绿、沉绿、柏绿、蓝色绿；

棕色系列：丁香、茶褐色、铁色、鼠色、羊绒色、藕荷色、莺背色、蜜褐色、米色、鹰色、莲子色、糙米色、古色、沉香色；

白色系列：月白、葱白、鱼肚白、水毛色、玉色、月色、草白；

黑色系列：玄色、墨色、酱色、缁皂色、包头青；

紫色系列：真紫、紫、大紫、葡萄紫、红头紫、黑头紫、茄花色。

清初，顺治时期包括色彩的使用在内的冠服制度还有不少是沿袭明代的，至康熙朝逐步建立并完善了冠服制。康熙之后各朝代有个别改动，但基本变化不大。康熙朝对制定冠服式样、纹样、色彩、规格贡献最大的是苏麻喇姑，康熙朝的冠服制基本是她制定的。据说苏麻与时任康熙帝保姆的孙氏和文氏关系都很好，不知道孙氏和文氏是否曾参与康熙朝冠服制度的制定，从康熙二年曹玺就被派往江宁织造任一事看，这样的可能是存在的。《红楼梦》中，贾母对织物和色谱都非常内行，《红楼梦》第四十回："贾母因见窗上的纱颜色旧了，便和王夫人说

---

① 范金民、金文，《江南丝绸史研究》，农业出版社，1993年，第383页。

道，这个纱新糊上好看，过了后来就不翠了。这个院子里头又没有个桃杏树，再拿这绿纱糊上反而不配。我记得咱们先有四五样颜色糊窗的纱呢，明儿给他把这窗上的换了。凤姐儿忙道，昨儿我开库房，看见大板箱里还有好些匹银红蝉翼纱，也有各样折枝花样的，也有流云万福花样的，也有百蝶穿花花样的，颜色又鲜，纱又轻软，我竟没见过这样的。贾母说，那个纱比你们的年纪还大呢，怪不得他认作蝉翼纱，原也有些像。不知道的都认作蝉翼纱。正经名字叫做'软烟罗'。那个软烟罗一共只有四样颜色：一样雨过天青，一样秋香色，一样松绿的，一样就是银红的。若是做了帐子，糊了窗屉，远远看着，就像烟雾一样，所以叫做软烟罗。那银红的又叫做'霞影纱'。如今上用的府纱也没有这样软厚轻密的了。"

到嘉道年间，出现了更多的新色名，其中有洋灰、洋红、洋绿等色名，说明可能随着纺织品贸易的交流，一些国外的染料或染色工艺开始更多地输入中国。敦敏《瓶湖懋斋记盛》记，曹雪芹有"霑从家藏织造色谱稍窥西洋染色之精要"的自述。至清末，《雪宦绣谱》记载的色彩类别达八十八种，"其因染而别者，凡七百四十有五"，即色谱随时可"因染而别"，手艺高超者"虽累千色可也"。

总体而言，色谱的变化是趋向浅、淡、鲜艳、明亮的。与元代的官民只有几个色谱可用的单调呆板相比，已是天壤之别。

五、也谈雍正"御用石青褂面落色"

《废艺斋集稿》残篇中，曹雪芹关于染色的文字有一句话很值得玩味："若以此法炮制好之染料，染成蚕丝，虽至织物磨旧折裂，其色泽不变，亦不减退。"

据《江宁织造曹家档案史料》第一百六十三条《内务府奏御用褂面落色请将曹頫等罚俸一年折》，雍正五年三月左右发生了一件事情，即雍正穿的御用石青褂面落色。雍正为此严命内务府查明原因："朕穿的石青褂落色，此缎系何处织造？是何太监、官员挑选？库内许多缎疋，如何挑选落色缎疋做褂？现在库内所有缎疋，若皆落色，即是织造官员织得不好；倘库内缎疋有不落色者，便是挑选缎疋人等，有意挑选落色缎疋，陷害织造官员，亦未可定。将此交与内务府官员严查。"闰三月二十五日内务府奏："查石青缎疋，每年系苏州、江宁织送。做皇上服用褂面，俱用江宁织送之缎疋。今将现在库内所有石青缎疋，交与派出查广储司库之郎中鄂善、员外郎立柱等，逐一查看，俱皆落色。江宁织造员外郎曹頫等，系专司织造人员，织造上用石青缎疋，理宜敬谨将丝疵染造纯洁，不致落色。乃并不敬谨，以致缎疋落色不合。"内务府总管允禄等建议将曹頫罚俸一年，将苏州织造郎中高斌等各罚俸六个月。

御用石青褂落色事件，从染色工艺原理分析，疑点很多。

（一）石青色是用靛蓝染色的，工艺很成熟。我国利用蓝草染色的历史近四千年。《夏小正》记："五月令民勿刈蓝。以染。"五月是蓝草发棵的季节，这时如果采摘蓝草，不仅影响产量，且色素含量也达不到最佳。周秦以降，蓝草都是最主要的植物染料，其染色工艺，历代农书如《齐民要术》《天工开物》都有记载。石青在清代是最常用也最贵重的色谱，其染色工艺和流程都是固定的，即使工匠再不小心，也绝不至于一夜之间其染色工艺退步到全部落色的程度。

（二）靛蓝是还原染料，在碱性条件下靛蓝色素会还原为隐性靛白，织物色彩变浅，即褪色。酸性条件下，如氧气中则会发色，现出蓝色。石青色是接近黑色的深青色，是靛蓝与其他染料配伍并经反复浸染才得到的色谱。故宫博物院现存多件雍正石青色皇袍，至今已两百多年，绝大部分时间里，都是在自然条件下保存的，但其色泽几乎鲜艳光亮如新。

（三）更蹊跷的是：存放在同一库内、从江宁织造织送的石青缎疋在同一时间"俱皆落色"。难道是织造官员商量好了要跟雍正过不去，因而故意同时将石青缎疋染坏？这不是商量好了找死么？雍正初年李煦被雍正抄家后，因曹李两家的特殊关系，曹頫早已成了惊弓之鸟，整日战战兢兢如履薄冰，怎么会将御用缎疋俱皆染坏呢？如果是工艺事故，那么绝不会是大批石青缎疋同时染坏，因为这些缎疋是一缸一缸、一匹一匹染出来的，即使个别缎疋染色质量不好，也只会导致个别缎疋落色，绝不会整库的缎疋"俱皆落色"。

（四）御用缎疋及成衣运到北京，交内务府查收。按清制，不但有内务府官员和司库验收，且要以黄色缎带写明织送人姓名、验收人姓名和验收时间，附于该批织物一起入库，以备查找。如果江宁织造织送的御用缎疋俱皆落色或质量参差不齐，内务府是不会验收合格准许入库的。

因而，御用石青缎疋大面积落色只能是发生在北京内务府广储司库内，落色的原因可能是有人做了手脚，将御用石青缎疋置于强碱性环境内，靛蓝色素发生还原反应，在一定时间内导致缎疋大批量明显落色。其实，个别织物染织质量不好，康熙朝也发生过，但康熙并没有追究，因为它是个别现象，难以避免。雍正对此事其实心里有数，知道这不可能是织造官员的疏忽，所以才有"挑选缎疋人等，有意挑选落色缎疋，陷害织造官员"之问，颇有点揣着明白装糊涂、此地无银三百两。而允禄等人的回答破绽百出，明显有违常识，一向心细如发的雍正却不加追问，就草草将曹頫定了个渎职罚俸。自雍正三年起，曹頫就接二连三、牵五挂四地出事，尤其是御用石青褂落色事件，更是百般不合情理。雍正五年五月二十二日下旨，命苏州织造高斌不必回京，要曹頫押运龙衣来京，六月二十四日就发生御用石青褂落色事件。雍正三年谕旨命曹頫运送龙衣改走水路为走陆路，五年十二月就发生了所谓曹頫骚扰驿站事件。三年初起到五年底，针对曹頫发生的一系列事件，并非全因雍正所说"曹頫年少无才，原不成器"，而是有更深刻的原因。雍正元年李煦被抄家，抄家物品清单惊人地富有和奢华，曹家久任江宁织造并兼理盐政，而盐政几乎是清王朝的半个钱柜。雍正也曾随康熙南巡，那样的排场会给雍正留下深刻印象，以致雍正大概以为曹家也是一块大肥肉，必欲得之而后快。则至雍正六年正月十五曹頫被下旨抄家，实在是雍正早就在步步紧逼成算在胸的事，如果不是有怡亲王的说情和保护，曹頫可能与李煦一样，雍正元年就被抄家了。雍正没有对曹頫立即下手，而是采取不断罗织罪名或构陷事件，使人看上去是曹頫罪有应得自寻死路。

图2-7 雍正石青缎织彩云金龙纹夹朝服[1]

① 张琼，《清代宫廷服饰》，上海科学技术出版社，商务印书馆（香港）有限公司，2006年，第26页。

如御用石青褂落色这样的事，雍正的谕旨话里有话，下面的奴才心领神会照做就是了。只是令雍正没有想到的是，曹家与李煦家完全不同，竟然早就被康熙、雍正榨干了，查抄曹家只抄出一堆当票。看到这个结果，雍正也"闻之恻然"了。尽管"御用石青褂面落色"这样的冤案是如此明显，尽管查抄曹頫只抄出一堆当票和几两散碎银子，雍正却仍然将曹家房屋土地或入官或赏给他人，将曹家人口或赏或卖，并将曹寅孀妇李氏迁回北京居住，只赏给三对仆人和蒜市口房屋十七间半度日，并将曹頫枷号菜市口示众，理由是还欠三百多两官银没有还上。曹家已经败落到这样地步，雍正还不放过，所为何来？如果说曹寅死后，李煦无论经济还是政治上还可算是一条大鱼，将其抄家罚没、发往打牲乌拉，雍正还可有所得的话，那么对曹頫的处罚不仅毫无人性，而且毫无道理。其时，政治上曹頫对雍正根本构不成威胁，经济上也已经一无所有，完全是一条死鱼，但雍正还是毫不留情地将曹頫枷号多年。这只能视为一个离死只差一步的严厉警告，即雍正留曹頫一条性命，而曹頫必须闭嘴，不许将江宁织造巨额亏空和所谓骚扰驿站、御用石青褂面落色等事件的真相说出去。然而人算不如天算，雍正不知道的是，曹頫有一个侄儿曹霑，抄家时已经十三岁。这个天才少年将这一切都看在眼里，记在心头，并在长大之后，用小说形式写在笔下。他在《废艺斋集稿》中，写染色时所加的这一笔："虽至织物磨旧折裂，其色泽不变，亦不减退。"实在大有深意存焉。

六、也谈"茜雪"

茜雪原是宝玉屋里的大丫头之一，因为一碗枫露茶，被宝玉撵了出去。据脂批透露，曹雪芹写的后四十回中，有茜雪"狱神庙探宝玉"的情节。

　　茜雪的命名，有人认为不合事理，可能是抄写错误，应为"茜云"，理由是"雪无茜色"。实际上，茜雪的命名不但很美，且完全合乎事理和文思。这个事理即染草的植物特性和染色原理，这个文思即曹雪芹给丫环命名的文学匠心[①]。

　　茜草，古又称"蒨草""茹藘""茅蒐"，是中国古代使用最早的染料植物之一。《史记·货殖列传》："千亩栀茜，此其人与千户侯等。"《诗经·郑风》："东门之墠，茹藘在坂。"茜草是草本植物，根茎含丰富茜素，茜素为媒染染料，在不同媒染剂和工艺条件下可染出多种暖色系色谱，也可与其他植物染料拼染。茜草丛生，花细小繁茂，白色，因此茜草花开放时有如一片白雪。曹雪芹为丫环命名茜雪，是完全合乎事理的。以茜草花作为丫环姓名，也体现了曹雪芹的文学匠心，即使是一位丫环，在曹雪芹的心目中也有如花似雪的美丽。茜雪的命名，既包括染织工艺的事理，也寄寓着曹雪芹的文思。茜雪一名的构思可能还受到曹寅的影响。曹寅《楝亭诗钞》卷二"紫雪溟濛楝花老"，将楝花比喻为紫雪。

图2-8 茜草花

---

① 朱冰，《也谈"茜雪"》，《书屋》，2009年，第9期，湖南出版集团。

　　读者都知道红楼四春的四个大丫头名"琴棋书画"。前人说，琴棋书画四字最俗。但曹雪芹在这四个字前面各安一个动词，这四个名字一下就鲜活了，且都与四春雅好之艺相合。元春的丫环名抱琴，是否寓意元春嫁入宫闱、琴瑟相谐？迎春的丫环名司棋，书中第七回写迎春与探春"在窗下围棋"；探春是诗人，大丫环名侍书很恰当；惜春擅画，她的大丫环名入画，也契合。

　　由茜雪、琴棋书画之文思推及开来，我发现，怡红院四个大丫环的命名，竟暗寓"风花雪月"。晴雯的判词有"霁月难逢彩云易散"句，霁月，光风霁月是也，寓风字；花者，有花袭人；雪者，有茜雪；月者，有麝月，合起来正是风花雪月，形容怡红院主人贾宝玉的性格气质及在大观园里的生活情形，再恰当不过。又如李纨的丫环名素云。纨是一种古老的丝织物，平纹，无色。汉时已有"冰纨"之物名。《说文》："纨。素也。"段注："素者，白致缯也。纨即素也。"宋徽宗赵佶题《碧桃蝶雀图》诗："雀踏花枝出素纨，曾闻人说刻丝难。"曹寅《楝亭诗钞·五月十一日集西堂限韵》："十年披素纨，相顾半老丑。"李纨的丫环名素云，更显主仆一体。李纨的妹妹名李纹、李绮。明张瀚《松窗梦话》："……而罗、绮、绢、纻，三吴为最。"罗绮绢纻为明清时苏州织造特色织物，其中含义，也很值得玩味。王夫人的大丫环名彩云、彩霞，其命名应与云锦关合。

　　对《红楼梦》和曹雪芹的研究中有很多工艺问题，如果不能准确地了解和掌握这些内容，就不能准确地解读《红楼梦》和《废艺斋集稿》及其相关历史文献，就无法准确地把握历史事件的真相。

第三章

善救物者无弃物

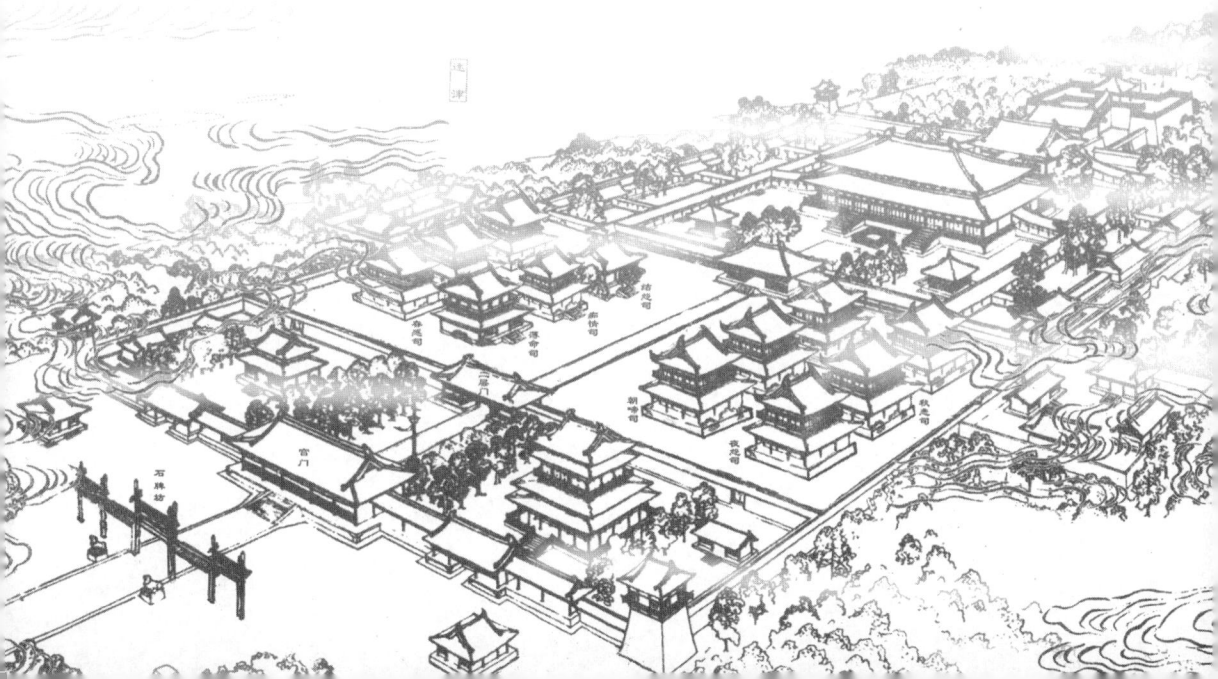

一、从晴雯撕扇说起

《红楼梦》第三十一回，晴雯不小心失了手将扇子跌在地下，扇子股跌折了。宝玉生气说了晴雯一句蠢材，晴雯闹脾气，将宝玉惹恼了，要撵晴雯出去。晴雯哭着说，就是一头碰死了也不出这个门。晚间宝玉吃了酒回来，已经消了气，上来劝解晴雯。晴雯嘴上还不饶人，说扇子股都跌折了，哪里配伺候吃果子，若再跌了盘子还更不得了了。宝玉便说出一番大道理："东西不过借人所用，你爱这样，我爱那样，各自性情不同。比如那扇子原是扇的，你要撕着玩也可以使得，只是不可生气时拿他出气。就如杯盘，原是盛东西的，你喜听那一声响，就故意的碎了也可以使得，只是别在生气时拿他出气，就是爱物了。"晴雯听了这番话，故意嗤嗤地撕了好几把扇子，宝玉在旁边还连连称赞撕得好，麝月气得连说他们造孽。

这个爱物观着实稀奇。爱物，一直是传统道德的重要内容，所谓"一粥一饭，当思来处不易；半丝半缕，恒念物力维艰"。

大观园里生活的奢侈豪华，用贾家仆人的话说，"别说金钱成了粪土，凭这世上有的，没有不是堆山塞海的。罪过可惜几个字，竟顾不得了。"那当然是影射贵妃省亲——康熙南巡的排场的，与之相比，晴雯撕几把扇子实在是九牛一毛。但宝玉的所说，并非真的鼓励晴雯暴殄天物，哪怕不是天物，当然也不可暴殄，这是不消多说的。宝玉的所谓爱物云云，也不过是劝晴雯消气的说辞而已。对于从小锦衣纨绔、钟鸣鼎食、珠环翠绕地长大的贾宝玉而言，他是没有"当思来处不易、恒念物力维艰"的概念的。林黛玉一次说起，自己闲暇时替贾府算了算，竟是出的多、进的少，长此以往怕是难以为继。贾宝玉的回答是，管他呢，不缺咱们两人的就行了。其实别说是贾宝玉，就是大观园里的丫环也是娇生惯养到连戥子星都不认识的。

曹雪芹写这一段，当然包含有对祖父辈、也应该在一定程度上包括自己，对当年"取之尽锱铢，用之如泥沙"的奢侈最终导致败落的忏悔。当然，贾家败落的主要原因是"省亲"——康熙的四次南巡以及由此带来的各种各样、没完没了的"外祟"，从皇亲国戚乃至掌势太监的搜刮等多种原因。《红楼梦》借书中人物之口说道："再省几次亲，只怕就精穷了！"没有多久，老皇帝康熙一死，曹家先是"精穷"、后被抄家，一败涂地，树倒猢狲散了。

这样的人生经历，换作大多数人，要么愤世嫉俗看破红尘，要么清静无为隐逸山林。尽管一些人在其他方面如诗词书画等艺术领域或者能取得很高的成就，但总体而言多是消极对待人生的。

但曹雪芹毕竟是曹雪芹。曹雪芹在曹家"落了片白茫茫大地真干净"之后，虽然也对皇权独裁者采取不合作态度，但不是消极避世，更不是沉沦，而是深刻思考造成曹家个体悲剧背后的群体悲剧的深层原因，"把这有价值的悲剧撕破给他人看"。曹雪芹没有让自己的人生停留或笼罩在悲剧的阴影下面，他不仅要救物，更要救人。

二、饫甘餍肥与饮水思源

《废艺斋集稿》中有一册名为《斯园膏脂摘录》，是专讲饮食烹调的。"斯园"是"思源"的谐音，曹雪芹认为：一切烹调饮馔皆为民脂民膏，饮水当思源。这个思源不仅是爱惜物力，也是继承饮馔文化，增加生活之美，更可学习饮馔技艺，供人谋生。

《红楼梦》中有大量描写筵宴、饮食、烹调、茶艺、饮酒、点心、菜肴的内容，说明曹雪芹是精通此艺的。

筵宴的性质和排场。筵宴有家宴、国宴、待客宴、结社宴、生日宴等多种，安排和内容也各不同。

《红楼梦》第一次写家宴，是第十一回《庆寿辰宁府排家宴》。贾敬寿辰，因贾敬出家在外静修，"贾珍先将上等可吃的东西，装了十六大捧盒，着贾蓉带领家下人等与贾敬送去"，并带话说合家都朝上行礼了。然后安排家里宴席的座位和小戏。第二天家里人宴席，各王公贵族世交来送礼，收礼、记账、赏银，会芳园听戏。第十八回《荣国府归省庆元宵》，写贵妃省亲，一干礼仪完毕后，"已而至正殿，谕免礼归座，大开筵宴。贾母等在下相陪，尤氏、李纨、凤姐等亲自把盏。"然后贵妃亲自题赐匾额，又命李纨、宝玉、宝钗、黛玉、迎、探等作诗，并点戏、看戏、放赏。这次筵宴更多是礼仪性质的。第三十八回《林潇湘魁夺菊花诗　薛蘅芜讽和螃蟹咏》是大观园诗人们的第一次集中盛会。探春偶然起意要结诗社，得到众人积极响应，众人遂以海棠为题写诗，并命名诗社为海棠社。史湘云来晚了，补做了两首诗展才，又与宝钗合计定下，要请众人饮酒吃螃蟹作诗。将宴席设在藕香榭，摆了两大桌，贾母等人都来凑趣，众人饮酒吃螃蟹。贾母等去后，众人作菊花诗，最后薛宝钗作了一首螃蟹咏。这次筵宴既丰富又热闹，诗作得也很精彩。第四十回《史太君两宴大观园　金鸳鸯三宣牙牌令》写的是待客宴。尽管起初并不是为着招待刘姥姥，而是贾母与众姐妹要给史湘云还席，并且别出心裁地要用类似现在自助餐的方式，只是请刘姥姥开开眼而已。这次家宴刘姥姥扮演了"女清客"的角色，引得众人十分开心。第四十九回《脂粉香娃割腥啖膻》写的是大观园里的雪景，众人在野外烧烤鹿肉。第五十三回《宁国府除夕祭宗祠　荣国府元宵开夜宴》则是写除夕祭祖和元宵节夜宴的场景。年前，宁国府一个庄头乌进孝来交租，账单之丰富令人咋舌，就这样贾珍还说：真真是别叫过年了。第六十三回《寿怡红群芳开夜宴》，宝玉过生日，在怡红院内开夜宴，众人吃酒行令，十分尽兴，都吃醉了。同是宴席，曹雪芹就有这么多不同的内容和写法。

菜肴。如第四十回，王熙凤为了戏耍刘姥姥，上了一道鸽子蛋。刘姥姥不认识，笑说："你们家的鸡儿也俊，下的这蛋也小巧，我且得一个。"结果没夹住，掉在地下了。刘姥姥听说这鸽子蛋竟一两银子一个，可惜地说，一两银子也没听个响就没了。其他如糟鹅掌、火腿炖肘子、"倒须得十来只鸡配它"的茄子鳖、酸笋鸡皮汤、胭脂鹅脯、酒酿清蒸鸭子、油盐炒蒿子秆、鸡髓笋等等。

点心、粥、饭。有杏仁茶、莲叶羹、野鸡粥、豆腐皮包子、酥酪、藕粉糕、栗粉糕、菱角粉糕、松瓤鹅油卷、螃蟹小饺、奶油炸的小面果、御田胭脂米、碧粳粥、枣儿熬的粳米粥、野鸡粥、鸭子肉粥等。

茶饮。有六安茶、老君眉、普洱茶、女儿茶、枫露茶、龙井茶、暹罗茶、香茶、玫瑰露、茯苓霜、桂圆汤、酸梅汤等。第四十一回《栊翠庵茶品梅花雪》，妙玉请黛玉和宝钗喝"体己茶"，黛玉问泡茶的可是旧年的雨水，妙玉冷笑说黛玉竟是个大俗人，连水都喝不出来，说这水是五年前自己在玄墓蟠香寺住着的时候，收的梅花上的雪。

酒。黄酒、惠泉酒、西洋葡萄酒、桂花酒、合欢花浸的酒、御酒、屠苏酒、烧酒等。

干鲜果品。前述乌进孝的地租单上有：榛、松、桃、杏瓤各两口袋。宁荣两府中人吃的干鲜果品有：荔枝、西瓜、瓜子、槟榔等。

宁荣二府的吃之奢华，从乌进孝给宁府进的地租账单也可略见一斑。五十三回，宁国府庄头之一乌进孝赶在年前给贾珍送来一年的地租和年货，计有："大鹿三十只，獐子五十只，狍子五十只，暹猪二十个，汤猪二十个，龙猪二十个，野猪二十个，家腊猪二十个，野羊二十个，青羊二十个，家汤羊二十个，家风羊二十个，鲟鳇鱼二百个，各色杂鱼二百斤，活鸡鸭鹅各二百只，风鸡鸭鹅二百只，野鸡兔子各二百对，熊掌二十对，鹿筋二十斤，海参五十斤，鹿舌五十条，牛舌五十条，蛏干二十斤，榛、松、桃、杏瓤各二口袋，大对虾五十对，干虾二百斤，银霜炭上等选用一千斤，中等二千斤，柴炭三万斤，御田二担，碧糯五十斛，白糯五十斛，粉粳五十斛，杂色粱谷各五十斛，下用常驻米一千担，各色干菜一车，外卖粱谷各项折银二千五百两。外门下孝敬哥儿顽意儿活鹿两对，白兔四对，黑兔四对，活锦鸡两对，西洋鸭两对。"这还只是宁国府一处庄头黑山村的进献，且是"年成实在不好"。两府中人的穷奢极欲，连丫环也如此。迎春的大丫环司棋要吃一碗鸡蛋羹，还要求"蒸得嫩嫩的"，柳家的说今年鸡蛋稀罕，没肯立刻答应，说司棋是"肥鸡大鸭子吃腻了肠子"，"要不然你们也像老太太似的，把天下的菜用水牌写了，转着吃去"。一番话竟惹得司棋把厨房砸了。

曹雪芹的祖父曹寅也是一位美食家，编著有《居常饮馔录》，非曹寅原创，是将前人有关饮食肴馔的书汇集而编的。其中收录了宋王灼《糖霜谱》，宋东溪遁叟《粥品》和《粉面品》，元倪瓒《泉史》，元海滨逸叟《制脯鲊法》，明王叔承《酿录》，明释智舷《茗笺》，明灌畦老叟《蔬香谱》《制蔬品法》。

据孔祥泽回忆，《废艺斋集稿》的《斯园膏脂摘录》这一册，一九四三年抄录时，是由北平国立艺术专科学校教授杨啸谷主持的，据说抄下了大半部，但抄录稿当时在杨啸谷处，后不知下落[1]。此卷所以名"摘录"，就是因为既有曹雪芹的自创，也有总结和编著前人成果，曹雪芹"不欲攘他人之功"。现存的《斯园膏脂摘录》残文如下（小标题为吴恩裕、周雷所加）：

香露

（上缺）凡有色有香花蕊，皆于其初放时采来，以酿饴之

---

[1] 北平国立艺术专科学校，前身为张恨水创办的北华美术专科学校。孔祥泽于北华时期即在该校学习，故有时又称该校为"北华"。1943年抄摹《废艺斋集稿》时，孔祥泽是以学生身份为老师们服务，且主要负责抄《南鹞北鸢考工志》。因而孔祥泽手中的《斯园膏脂摘录》只有零星文字。据说杨啸谷本人也热爱美食并长于烹调饮馔，家中经常饮宴宾客，所制之菜当时被誉为"杨家菜"。

露和以盐梅，然后渍之。贮使经年，香味颜色不变，鲜芳有如新摘，花汁已融于露液中。（中缺）妙者为秋海棠露。海棠本无香味，而经露之后，独发幽香。更如野蔷薇、玫瑰、梅英、甘菊、丹桂等露，各有妙处。（中缺）更如香橼、佛手、橘红、橙皮等物，去白缕丝而渍之，色味尤绝。（中缺）

每于酒后出数十种香露，五色毕呈，芳香满席，以之解醒，诚妙品也。（下缺）

糖膏

（上缺）取五月桃汁，西瓜汁，一瓢一丝漉之使尽，更以文火煎至七八分，始搅糖细炼。桃膏艳似红琥珀，瓜膏更如金丝内糖。（中缺）炼时必当其时，坐炉旁静看火候，收而成膏，不令枯焦。分其浓淡，洵为异色奇味，能令口角留芳，经久不去也。

咸菜

（上缺）每于冬春之间，水盐诸菜，可令黄者如蜡，绿者如苔。荀蕨蒲藕之属，野菜鲜花之类，以至枸蒿蓉菊等，均可采入食品。要在洁净，水宜煮沸，然后化解净盐，凉而腌之，方可久置。（中缺）以陈汤少许，入菜煎汤，其味鲜美，远非鸡鸭可比。

鱼肉

（上缺）虾松如龙须，菌脯似鸡塅，醉蛤似桃花，醉鲟如白玉，油蛤如鲟鱼，烘兔、酥雉如饼饵，可以笼食。（下缺）

（上缺）火肉久者无油，有松柏味。风鱼久者如火肉，有麂鹿味。

（上缺）蒸米粉肉（中缺）菜，南北做法，迥乎不同。北地习用甜面酱，而南法则忌酱。（中缺）北法将肥瘦匀称之猪肉，切成三分宽、四指长、半指厚之肉片十片，另加两侧之边块（即镶于两边者）。以瘦肉、碎肉置于碗底中间。（中缺）预将切好之肉净之，更以五香、椒盐、大料、茴香研面揉透，溢出香味。再用甜面酱拌匀，佐以白糖拌搅。然后（中缺）粉好之米粉（法以开水烫米，第一遍漉去开水，再烫一次，复倾入净水，然后用大碗碾成米粉）拌（中缺）肉片匀（中缺），放于蒸锅中蒸三刻后取出，晾凉。吃时又须蒸三刻，则油透肉香，甜中带咸，油入粉中，不腻不枯，诚为上品。

乾隆年间在中国的日本人中川忠英编著的《清俗纪闻》一书，全面调查记录了乾隆时期中国福建、浙江、江苏一带民间风俗、传统文化、社会情况等，内容广泛，记录翔实，是一本不可多得的了解研究乾隆时期江南社会生活的著作，有较高史料价值。日本宽正十七年（1799年）由东都书林堂出版。卷四为《饮食制法》内容与《红楼梦》及《斯园膏脂摘录》有不少类同，可供比较研究。

《清俗纪闻卷四·饮食制法》：

宴会料理 请客诸品

一、点心类

桂圆汤 扁豆汤 杏酪 鸡豆汤 雪粉糕 饺子 红粉糕 蓑衣饼 藕粉糕 肉馒头 水晶糕 糖糕 扁豆糕 其它

二、大菜类

上等菜类十六碗

熊掌　鹿尾　燕窝汤　鱼翅汤　海参汤　羊羔　猪蹄　野鸡　鲥鱼　鹿筋汤　炒鸡　全鸭　鹅　蟹羹　蛏干　鱼肚

烹调之法

三、大菜类

四、中等十碗或八碗

燕窝汤　全鸭　鱼翅汤　鹿筋汤　海参汤　羊肉　鲥鱼鲍鱼　炒鸡　醒酒汤

五、小菜类

回千　造花　其它

六、宴席料理顺序

请客各种菜品之排出次序

茶汤　大菜　点心　醒酒汤　大菜　点心　茶　饭　回千

备考

其中"宴会料理"的"大菜类"是上等菜类十六碗，《红楼梦》中贾敬过生日，贾珍派人送去的"上等可吃之物"是"十六大捧盒"。《清俗纪闻》所记十六大菜内容，在《红楼梦》乌进孝进贡的账单中可见的有：熊掌、鹿筋、海参、蛏干等。至于猪、羊、鱼、鸡、鸭、鹅、野鸡等，就不算什么了。

三、蔽芾甘棠

《废艺斋集稿》第一册名为《蔽芾馆鉴印章金石集》，是讲印章雕刻的。蔽芾甘棠，取自《诗经》："蔽芾甘棠，勿翦勿伐，召伯所茇。蔽芾甘棠，勿翦勿败，召伯所憩。蔽芾甘棠，勿翦勿拜，召伯所说。"是说召伯所憩之地，应予珍惜，可遗泽后人之意。

据严宽考证，江宁织造署就有一处名为"蔽芾官斋"的处所[①]。康熙三十四年（1695），张见阳为曹寅作《楝亭夜话图》，画上有不少名家题诗提到"蔽芾官斋"，如徐乾学的"低回手植成佳话，蔽芾官斋记昔游"；徐秉义的"蔽芾桑麻繁四境"；吴璟的"角弓不忘看嘉树，蔽芾犹存记旧恩"。从诗句的意思看，此处斋馆就位于曹玺手植楝树的附近。

曹雪芹将家中旧斋馆"蔽芾官斋"改名为"蔽芾馆"用作第一册书名，既是对先人的尊敬和怀念，更因"蔽芾"是"弼废"的谐音，意思是帮助那些"有废疾而无告者"，前人栽树，后人乘凉的意思。

这一册所剩残文很少，只有这样几句："人非草木，心非铁石，孰忍坐视……正为其有废疾也，必宜辅之弼之，如葆赤子。"据说这些文字都是这一册曹雪芹自序里面的。自序中还说，印章金石集的内容实乃他的一管之见。

篆刻技艺为中国独有的汉字文化的内容之一。篆刻是指印章篆刻技法，也包括选料、制钮、刻文字、刻边款、讲刀法等等。印章在古代的作用，一是受命做官的凭信，一是为了封固简牍，保守秘密。最原始的

[①] 胡德平，《说不尽的红楼梦——曹雪芹在香山》，中华书局，2004年，第9页。

印章是用黏土制作的，至先秦，已经使用金、玉材料。秦统一六国后，皇帝的印信称"玺"，官、民所用称"印"。唐武则天时将"玺"改称为"宝"，后世既用"玺"，也用"宝"。历代名称、材料、制法、篆刻技艺都有不同，并有多种篆刻著述。魏晋以后，使用了朱红色颜料钤印在纸、帛上，由此逐渐发展了朱、白二色钤印。唐太宗时开始在书画上钤印，作为收藏或珍视的记号，并逐渐出现了名章、闲章之分，尤以闲章的内容、形式等体现印章主人的修养、情趣、喜好、身世等。钤印也作为某次活动的纪念凭证，同时成为书画作品的欣赏内容之一。清代官印的特点是满文、汉文对照。明清两代出现很多著名的印章石料，如昌化石、鸡血石、寿山石、田黄石、青田石及多种玉料。在篆刻风格上，发展出皖派、莆田派、浙派等篆刻流派。

曹雪芹的祖父曹寅有多方印章，如"千山曹寅""楝亭"等。据说曹雪芹有两个常用的印章，一个是"画外顽人（"顽"字为繁体"習"字加"元"字旁）"，圆形，阳文；一个是"燕市酒徒"，方形，阴文。孔祥泽曾经将这两个印章描摹下来，但后来遗失了。据孔祥泽回忆，一九四三年抄摹《废艺斋集稿》时，日本人金田氏从某王府拿来的东西不光是《废艺斋集稿》一书，还有印章、字画等多件，其中也包括这两枚印章，而《废艺斋集稿》每册都钤有这两方印章。当时国立艺术专科学校的关广志等教师还专门请来一位治印专家，经鉴定认为这两方印章与《废艺斋集稿》所钤印章字迹、大小、形状等完全相同，应该是曹雪芹的原印。"画外"应是"化外"的意思，是曹雪芹以"化外"的顽人——顽石自比。

孔祥泽曾经有一段回忆文字，记述自己少年时代曾经见到过曹雪芹的一些字画和题诗的情况：

"先外祖富竹泉，字稚川，先世曾作恭王府总管（恭亲王是溥儒的父亲），在溥儒年轻时先外祖经常同他和诗，谈画。曾见溥先生（当时府中皆称其为小二爷）借自礼王府所藏的曹雪芹（他本人题署多用芹圃或梦阮，不用雪芹）字画题诗墨迹多件。先外祖曾有记载（记入《考槃室札记》颇详）。所以溥儒对曹雪芹的著作知道得较多，也是比较爱惜的。他曾与先外祖、先慈均步大观园原韵合过不少诗。我们最初知道《南鹞北鸢考工志》这一风筝谱的事就是听先外祖说他早年曾在小二爷处见到他借自礼王府的。但我外祖已记不清原书的题签是什么了。"

孔祥泽母系为旗人贵族家庭，其外祖父姓富察氏，名蕴和，字稚川，号竹泉，宛平人氏，富竹泉的先人曾任恭王府总管。富竹泉曾著有一本《考槃室札记》，其中记载，曾经在恭王府见到溥儒从礼王府后人手中借到曹雪芹的字画题诗墨迹多件，这些字画题诗墨迹多署名芹圃或梦阮，不用雪芹。其中有一首曹雪芹诗作，被富竹泉记入《考槃室札记》。

"文革"开始后，孔祥泽因"出身不好"受到迫害，家庭受到冲击，《考槃室札记》遗失。孔祥泽后将这首名为《自题画石》的曹雪芹诗作和其内容告诉了吴恩裕。诗的内容是："爱此一拳石，玲珑出自然。溯源应太古，堕世又何年。有志归完璞，无才去补天。不求邀众赏，潇洒作顽仙。"[①]

在《自题画石》诗里，一拳石的意象和涵义，与《红楼梦》开篇的那块无才补天的石头完全相同。第八回描写通灵宝玉的大段文字后，有"那顽石亦曾记下他这幻相并癞僧所镌的篆文"。

曹雪芹用"画外顽人"和"燕市酒徒"这两枚印章作为自己常用的闲章，寄情寓志，抒发怀抱，与"无才补天的顽石""一拳石"典故意义相通。据当代人考证，唐诗中就已经有"一拳石"的用典[②]。白居易《哭崔常侍晦叔》："顽贱一拳石，精珍百炼金。"唐马异《答卢仝结交诗》："长河拔作数条丝，太华磨成一拳石。"这两首唐诗中，一拳石的品格性情是很相近的，虽"顽贱"却是"精珍"；虽是"一拳石"，却是"太华磨成"。元人诗中甚至有"爱此一拳石"句。

---

① 朱冰，《〈考槃室诗草〉考辨》，2012年。
② 杨浪，《"一拳石"问题》，http://blog.caijing.com.cn/expert_article-137-1961.shtml

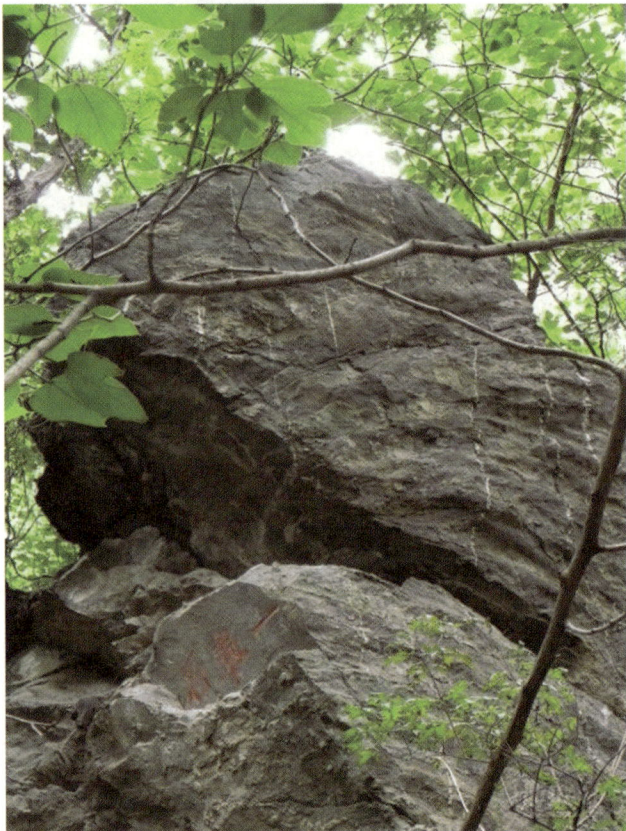

图3-1　北京香山"一拳石"

曹雪芹的遗物书箱的箱面上题写镌刻的五言诗中有"一拳顽石下，时得露华新"的字样。曹雪芹的朋友敦诚也有《题芹圃画石》诗："傲骨如君世已奇，嶙峋更见此支离。醉余愤扫如椽笔，写出胸中块垒时。"北京香山也有一块题写着"一拳石"字样的石头，石头的背面题刻着乾隆御笔《香山春望》诗。据杨浪考证，香山"一拳石"字样应早于该石头背面的乾隆御题《香山春望》诗。

曹雪芹爱石、写石、画石，以石自比，以石寓志。《自题画石》诗的情感与曹雪芹的朋友们对他的印象和评价，如"步兵白眼向人斜""高谈雄辩虱手扪""傲骨如君世已奇，嶙峋更见此支离""曹子大笑称快哉，击石作歌声朗朗"等等是一致的。这些点点滴滴的史料，都无声却真实地向我们诉说着一个狂放不羁而又才情齐天的曹雪芹。

四、泥塑，园林

　　泥塑起源于旧石器时代。人类最早使用的盛放水和液体食物等的陶制品就是由泥塑烧制而成的。河姆渡遗址出土有小猪、小狗、小人头像等肖形的泥塑。汉代王符《潜夫论·浮侈篇》："作泥车、瓦狗、马骑倡俳诸戏，弄小儿之具以巧作。"被誉为世界第八大奇迹的秦兵马俑的制作，规模宏大，艺术和制作技艺也十分高超。西汉有百戏俑传世，其形象滑稽夸张。广州东郊汉墓出土的陶船，高16厘米，长54厘米。宽15.5厘米，所塑内容十分复杂、精细、形象逼真。魏晋南北朝，以敦煌莫高窟的泥塑佛像为代表作，其精美闻名世界。隋唐泥塑以唐三彩和俑、供养人、动物等著名，并出现宋法智、吴智敏、杨慧之等塑像名师，尤以杨慧之最为著名，号"塑圣"。清代北方泥塑以天津"泥人张"为代表。据说第一代泥人张张明山为人塑像的绝技是藏在衣袖里塑像："精于捏塑，能手置于袖中，对人捏像，且谈笑自若，从容不迫，顷刻捏就，逼肖其人，故有'泥人张'之说。"

　　南方以惠山泥塑为代表，其历史已一千多年。明代已经出现大型泥塑作坊，最著名的作品如大阿福、老寿星、送子观音等，施彩绘，色彩鲜艳，取义吉祥，憨态可掬，一直是受欢迎的传统泥塑作品。苏州泥塑也称捏像、塑真，集中在虎丘一带。《桐桥倚棹录》为苏州地方风土小志，作者顾禄，清道光咸丰年间人。该书记苏州虎丘一带山水、名胜、寺院、第宅、古迹、手工艺等，共十二卷。卷十一记虎丘产各种精美工艺品，"塑真"条云：其法始于唐杨慧之，前明王氏竹林亦工于塑作。今虎丘习此业者不止一家，而山门内项春江称能手。

图3-2　第四代"泥人张"张锠教授制作的彩塑《风筝节》

　　《红楼梦》中有描写泥塑的情节。薛蟠从苏州回来，给妹妹薛宝钗带了两大箱礼物，其中有"虎丘带来的自行人、酒令儿、水银灌的打筋斗的小小子、沙子灯、一出一出的泥人儿的戏，用青纱罩的匣子装着。又有在虎丘上作的薛蟠的像，泥捏成的，与薛蟠毫无相差"。

　　《废艺斋集稿》有一册讲泥塑和脱胎工艺。据民间口述，香山一带有个叫德荣的雕塑艺人，姓关，因泥塑手艺高超，有"泥人德"称号。现在美国的黄庚收藏有一尊曹雪芹的塑像，据说就是德荣雕塑的。塑像底座有字，为"辛巳年制"字样。乾隆辛巳年是二十六年，那么这尊塑像应该是德荣在那一年为曹雪芹塑的。关于泥塑、脱胎这一册的内容也没有保留下来，只在赵雨山藏《此中人语》[①]第三卷《释塑章》有几句

---

① 《此中人语》为曹雪芹著，是用白话文解释《废艺斋集稿》的。赵雨山原藏。

话讲到德荣为曹雪芹塑像的事，内容为曹雪芹评德荣为自己塑的像。对第四次塑像的评价是："此次所塑，貌则似矣。但眉骨、眼窝、准头、法令、口角等处，虚实不当。盖塑人之要，首重神情。此塑面颊无皱纹，二目空凝故神意迷惘。貌虽似而神殊。此则所以失也。然冬衣之外，更着罩褂，其纹理本不易取巧，而塑时主次不紊，用环扣之法，故不觉繁缛；破叠绉之格，乃免于板滞。已脱出俗手多矣。勉之勉之。"

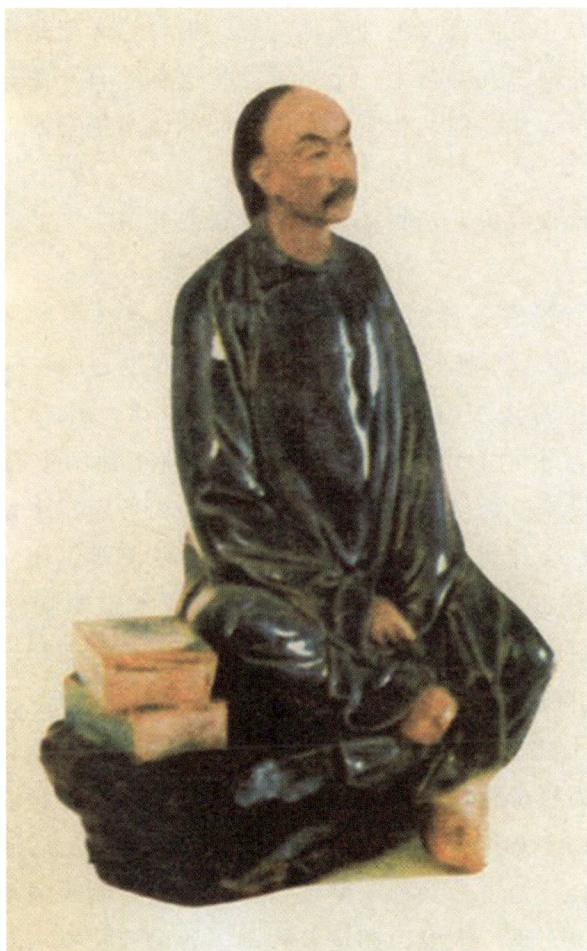

图3－3 传世德荣塑曹雪芹像

"（上缺）余之双眉尾散，故绘时宜前重后轻，以轻毫丝染眉梢，以示尾散之不聚资财也。"又对第七次塑像批道："此塑神情甚佳，大异往昔，非仅力求貌似者矣。惜乎躯体失度，腿短臂长，故襟覆膝露，肘坠握强；衣纹则绸布不分，乃白璧之微瑕，留之以为鉴，不亦宜乎！辛巳孟夏七塑。"

据孔祥泽回忆，《废艺斋集稿》中有一册是专门讲园林的，名为《岫里湖中琐艺》，"岫里湖中"取谐音，是"袖里乾坤大，壶中日月长"，即在方寸之间营造乾坤天地之意。据说这一册是讲园林建筑的原理和方法，并举了九九八十一个例子，每例都绘有一图。这一册的内容现在完全不得而知。但从曹雪芹对大观园的诸多描写看，曹雪芹是精通园林艺术的。

此外，据说《废艺斋集稿》还有专讲彩扎等工艺的，但其内容都没有保留下来。

曹雪芹有没有条件写《废艺斋集稿》中的这些工艺内容？据《江宁府志•曹玺传》，曹雪芹的曾祖曹玺"补侍卫之职，随王师征山右建绩。世祖章皇帝拔入内廷二等侍卫，管銮仪事，升内工部"。顺治初年设管理皇家事物的内务府，曹玺任内务府工部郎中。顺治十年裁撤内务府，改设十三衙门。康熙十六年又改为内务府，下设广储司、都虞司、掌仪司、会计司、营造司、慎刑司、上驷院等。康熙二十三年曹玺故，康熙命曹寅"仍督织江宁"，协理江宁织造事物一年左右。康熙二十四年五月回到北京，先后任内务府慎刑司员外郎和广储司郎中，康熙二十九年出任苏州织造，康熙三十一年出任江宁织造。

根据以上史实可知，从曹玺时起，曹家就一直以家奴身份主要任职内务府，为皇帝管家。广储司康熙十六年设立，掌管银、皮、缎、衣四库，康熙二十八年增设茶、瓷二库，定制为六库。广储司除掌管六库外，还验收会计司、庄头处、掌仪司等处庄头、园头钱粮地租，验收打牲乌拉处所进东珠、人参、貂皮及各国、各民族贡物，支发六库之物及工程银两，供用皇帝及宫内礼服、四季衣物、金银珠宝、绸缎、器皿等物，验收江宁、苏州、杭州等处织造运京绸缎，备办皇子、公主婚嫁仪礼物品，支放官员养廉银两，承造宫中所需器皿，贮存、安设宫中各种镫只，管理南熏殿历代帝后圣贤名臣像，收存宫中交出金玉册宝、印章及内务府印章、题奏本等等。

除六库外，广储司下还设七作、二房：银作、铜作、染作、衣作、绣作、花作、皮作，帽房、针线房。其中花作负责承造各色供花、瓶花，以及鹰、鹞脚绊，合线，弦等[1]。

了解了这样的家世背景，就知道曹雪芹写《红楼梦》《废艺斋集稿》中的物质文化内容，是有充分生活基础的。如《红楼梦》第七回《送宫花贾琏戏熙凤》也说明，曹雪芹对内廷宫花这样的细节都是熟悉了解的。

---

① 李鹏年，《清代中央国家机关概述》，黑龙江人民出版社，1983年，第103页。

第四章

善救人者无弃人

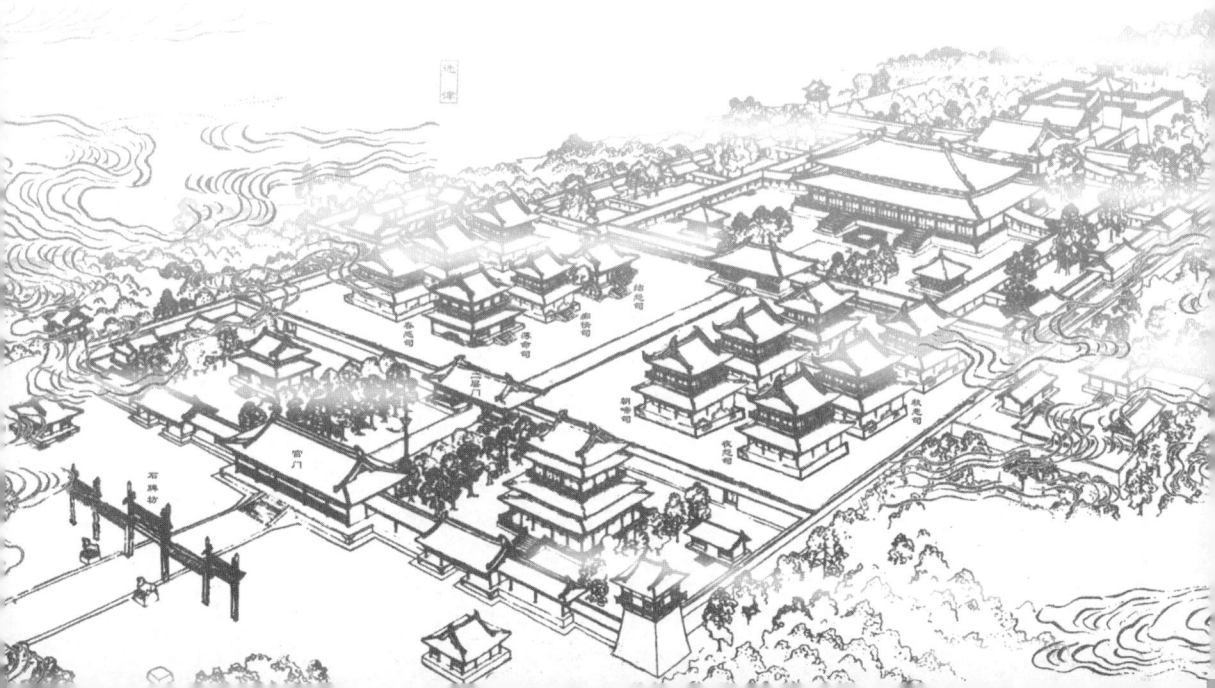

一、风鸢之由来久矣

曹雪芹《废艺斋集稿》第二册《南鹞北鸢考工志》论风筝的残文中说："观夫史籍所载，风鸢之由来久矣。其可征者实寡，非所详也。惟墨子作木鸢，三年而飞之说，无或疑焉。"

在曹雪芹之前，中国没有一本关于风筝的专著。相传宋徽宗曾主持编写过一部《宣和风筝谱》，但该书似乎一直被秘藏，没有印行过，其内容也不为人所知，后佚失。

我国的风筝制作有两千多年的历史。《韩非子·外储说左上》："墨子为木鸢，三年而成，蜚一日而败。"《墨子·鲁问》："公输子削竹木以为鹊，成而飞之，三日不下。"这是目前有关风筝最早的记载。唐宋以降，风筝多称纸鸢，明代郎瑛《七修类稿》："纸鸢本五代汉隐帝与李邺所造，为宫中之戏者。"这条材料说明，唐五代时，放纸鸢已经成为宫中一种游戏。宋高承《事物纪原·纸鸢》："俗谓之风筝。古今相传，云是韩信所作。高祖之征陈豨也，信谋从中起，故作纸鸢放之，以量未央宫远近，欲以穿地隧入宫也。"高承将纸鸢作为宋代事典加以记载，可能由于宋代造纸术的普及和提高，以竹木为骨、纸张为面料扎糊的风筝飞行性能好，且材料相对便宜、容易得到，因而风筝制作较之前更为普及。

风筝一名的由来，大约始于唐代，当时有两个含义：一指楼阁檐角上所挂的响铃。唐李宾《登瓦官寺阁》："晨登瓦官阁，极眺金陵城……两廊振法鼓，四角吟风筝。"唐毛照震《菩萨蛮》词："梨花满院飘香雪，高楼夜静风筝咽。"一指作为飞行器的风筝。唐刘禹锡《酬湖州崔郎中见寄》诗："风筝吟秋空，不肖指爪声。高人灵府间，律吕伴咸英。"唐鲍溶《风筝》诗："何响与天通，瑶筝挂望中。彩弦非触指，锦瑟忽闻风。"刘禹锡和鲍溶的诗中提到的风筝都是带有响器、可以发出乐声的飞行器。唐时风筝作为飞行器名称还不普遍，一般仍称风鸢、纸鸢。唐元稹《有鸟二十章》："有鸟有鸟群纸鸢，因风假势童子牵。"唐路德延《小儿诗》："折竹装泥燕，添丝放纸鸢。"宋以后，民间仍多称风筝为纸鸢、纸鹞，相沿至近代。明末清初，李渔的《风筝误》记载了一些风筝内容。李渔祖籍浙江兰溪，号笠翁，是一位多才多艺却又浪荡不羁、阅历丰富的文化巨子。他在戏剧创作及演出、戏剧理论、园林、出版、医药、文学等方面都有杰出成就，著有《笠翁十种曲》及《闲情偶寄》等多种著作。《风筝误》为李渔创作的戏曲，共三十出，第六、第七、第八、第九、第十一出，分别以鹞为标题，如《糊鹞》《题鹞》《和鹞》《嘱鹞》《鹞误》。其中的风筝是作为推动情节的道具出现的，工艺细节不多。尽管如此，仍然十分可贵，它证明在曹雪芹的时代之前，风筝作为玩具已经很普遍，而如《风筝误》中的詹烈侯府这样的富贵人家，府中的仆人都会制作风筝。《糊鹞》："如今清明近了，那些富家子弟，个个在城上放风筝，使我看了，一发技痒不过。叫家僮也去糊一个风筝来，我就要上城去放。"可知明代江南一带"纸鹞""风筝"名称并用，至今仍如此，称风筝为"鹞子"。

　　《红楼梦》中多处写到风筝。第五回《游幻境指迷十二钗　饮仙醪曲演红楼梦》，贾宝玉见薄命司中十二钗正册，"后面又画着两人放风筝，一片大海，一只大船，船中有一女子掩面啼泣状。也有四句写云：'才自精明志自高，生于末世运偏消。清明啼送江边望，千里东风一梦遥。'"第二十二回《听曲文宝玉悟禅机　制灯谜贾政悲谶语》，探春制作的灯谜是："阶下儿童仰面时，清明装点最堪宜。游丝一断浑无力，莫向东风怨别离。"探春的灯谜谜底是风筝，正好与前面的判词对应，暗示探春的命运是远嫁。《红楼梦》第七十回《林黛玉重建桃花社　史湘云偶填柳絮词》中有大段关于风筝的描写："一语未了，只听窗外竹子上一声响，恰似窗屉子倒了一般，众人唬了一跳。丫环们出去

纸鸢 筝琴 见踢（纸鸢右上凤冠红色，翅膀红绿蓝三色条纹。筝琴淡褐色。见踢羽毛顶端黄色，下绿色。铜钱淡褐色。右下蝶青绿色，周边有红点。

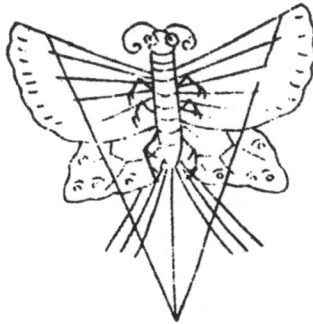

图4-1 《清俗纪闻》纸鸢、筝琴、见踢图

瞧时，帘外丫环笑道，好一个齐整风筝！不知是谁家放断了绳，拿下他来。宝玉等听了，也都出来看时，宝玉笑道，我认得这风筝。这是大老爷那院里娇红姑娘放的，拿下来给他送过去罢。紫鹃笑道，难道天下没有一样的风筝，单他有这个不成？我不管，我且拿起来。探春道，紫鹃也学小气了。你们一般的也有，这会子拾人走了的，也不怕忌讳。黛玉笑道，可是呢，知道是谁放晦气的，快掉出去罢。把咱们的拿出来，咱们也放晦气。紫鹃听了，赶忙命小丫头们将这风筝送出与园门上值日的婆子去了，倘有人来找，好与他们去的。"放风筝是放晦气，这是风筝传统文化或民俗的内容之一。后面写到，趁风力渐渐加大，林黛玉将风筝线铰断，风筝放走，众人高兴地说，这可把林姑娘的病根都放走了。

此回写放风筝的场面很是热闹，"这里小丫头们听见放风筝，巴不得七手八脚都忙着拿出个美人风筝来。也有搬高凳去的，也有捆剪子股的，也有拨籰子的。宝钗等都立在院门前，命丫头们在院外敞地下放去。宝琴笑道，你这个不大好看，不如三姐姐的那一个软翅子大凤凰好。宝钗笑道，果然。因回头向翠墨笑道，你把你们的拿来也放放。翠墨笑嘻嘻的果然也取去了。

"宝玉又兴头起来，也打发个小丫头子家去，说：把昨儿赖大娘送我的那个大鱼取来。小丫头子去了半天，空手回来，笑道，晴姑娘昨儿放走了。宝玉道，我还没放一遭儿呢。探春笑道，横竖是给你放晦气罢了。宝玉道，也罢，再把那个大螃蟹拿来罢。丫头去了，同了几个人扛了一个美人风筝并籰子来，说道，袭姑娘说，昨儿把螃蟹给了三爷了。这一个是林大娘才送来的，放这一个罢。宝玉细看了一回，只见这美人做得十分精致，心中欢喜，便命叫放起来。

"此时探春的也取了来，翠墨带着几个小丫头子们在那边山坡上已放了起来。宝琴也命人将自己的一个大红蝙蝠也取来。宝钗也高兴，也取了一个来，却是一连七个大雁的，都放起来。独有宝玉的美人放不起去。宝玉说丫头们不会放，自己放了半天，只起房高便落下来了。急得宝玉头上出汗，众人又笑。宝玉恨得掷在地下，指着风筝道：若不是个美人，我一顿脚跺个稀烂。黛玉笑道，那是顶线不好，拿出去另使人打了顶线就好了。宝玉一面使人去打顶线，一面又取一个来放。大家都仰面而看，天上这几个风筝都起在半空中去了。一时丫环们又拿了许多各式各样送饭的来，顽了一回。"

这一回写放风筝，如同这一回前面的填词一样，当然也都是象征着各人命运的，连风筝的式样都与各人的性格命运相关。如给贾环的风筝是螃蟹的，探春屋里拿来的风筝是凤凰的，宝琴的是大红蝙蝠的，宝钗屋里取来的是"一连七个大雁的"。做风筝的都是贾府的仆人，如宝玉屋里的大鱼、螃蟹风筝是赖大娘送来的；美人风筝是林大娘送来的，式样各个不同。贾宝玉的美人风筝放不起来，林黛玉说是顶线不好，拿出去另使人打了顶线就好了。林黛玉这样养在深闺的贵族小姐都懂得风筝原理，说明当时风筝制作和娱乐活动是很普遍很常见的，这是曹雪芹写作《红楼梦》，特别是《南鹞北鸢考工志》这部风筝谱的生活基础。

曹雪芹的祖父曹寅也在词作中写到过风筝。《楝亭词钞别集·浣溪沙·丙寅重五戏作和令彰》第二首："深巷开门沙燕飞，不须银蒜镇罗帷，书囊药裹满罜罳。"此词所记是康熙二十五年在北京过端午节趣事，银蒜是压帐子用的银坠。词的意思是说：快出门放沙燕风筝吧，不要睡懒觉了。由此可以看出，曹寅的时代，北京已经有了"沙燕"风筝，过端午节的时候，儿童也放风筝。康熙二十五年，曹寅在北京任内务府郎中，从此首词作看，当时曹寅生活较闲适，家中孩子们放的风筝很可能是自家制作的。

但曹雪芹创作风筝谱，是没有前例可循的。《南鹞北鸢考工志》的写作，无论从体例、内容、方法、思想，都完全不同于中国古代任何一本农书或工艺技术书。正如曹雪芹自述的那样，"意将旁搜远绍，以集前人之成；实欲举一反三，而启后学之思"，需"详查起放之理，细究扎糊之法，胪列分类之旨，缕陈彩绘之要，汇集成篇"。从乾隆十九年腊月到二十二年清明节，两年半不到的时间里，曹雪芹将《南鹞北鸢考工志》全部完成了。这当然是需要投入全部的时间和精力、花费很多心血的。

風箏

图4-2 《清俗纪闻》放风筝图

风筝 见踢（风筝绿色，蓝边，飘穗淡褐色。儿童左绿衣粉裤，右橙衣黄裤。放风筝女童红衣紫裤。）

二、风筝之为业，真足以养家乎

熟悉《红楼梦》的读者都知道，曹雪芹没有写完《红楼梦》，后四十回是高鹗、程伟元续写整理的[①]。从乾隆十九年以后，再也没有曹雪芹继续《红楼梦》创作的踪迹可寻了。虽然曹雪芹可能还有一些关于后四十回情节的设计甚至回目、文稿，但至今没有发现实物。曹雪芹原著的《红楼梦》未成完璧，这是一个令人深深遗憾的事，是世界文学史的巨大损失。

从乾隆十九年至二十八年除夕曹雪芹逝世，十年的时间里，竟然没有曹雪芹继续《红楼梦》创作的痕迹。个中原因究竟为何？曹雪芹怎么会放下他的"字字看来皆是血，十年辛苦不寻常"的心血之作，任由其以不完整的面貌在当时的读者中间流传呢？一些学者、读者写过不少文章、著作，探讨曹雪芹最后十年的人生轨迹，取得了不少成果。但是这些探讨和研究，目前还没有真正回答：曹雪芹最后十年的创作活动究竟如何？他为什么没有继续《红楼梦》的创作？难道他在十年里真的什么也没有写吗？

当然不是。

乾隆十九年有一件事很值得注意。三月，乾隆下了一道谕旨：令京城及京外各省的汉军八旗出旗为民。谕旨称："八旗奴仆受国家之恩，百有余年，迄来生齿甚繁，不得不为酌量办理。是以经朕降旨，将京城八旗汉军人等，听其散处，愿为民者准其为民，现今遵照办理。至各省驻防汉军人等，并未办及，亦应照此办理，令其各得生计。"这一政策

---

① 胡文彬，《历史的光影——程伟元与〈红楼梦〉》，时代作家出版社，2011年。

其实从乾隆七年就已经开始施行，只不过当时表面上还是采取了自愿的原则："不愿出旗仍旧当差者听之。"实际上，令汉军旗，尤其是下三旗的汉军旗人员出旗为民的政策并非是权宜之计，而是步步收紧的。十二年又一次下谕旨令汉军旗人员自愿出旗甚至出京。

清初以来，由于清廷对八旗实行恩养政策，在旗人丁都有"现食钱粮"，生计无忧，因此人口逐步增多，以至于到了国家财政难以负担的程度。至乾隆时，不得不一再缩减八旗人丁规模。如果说此前的出旗为民政策还比较宽松，则十九年的谕旨实际上已经是没商量的逐客令了，而且还是先拿汉军旗开刀。但自清初近百年的恩养政策已经使得八旗人员除了习武和打仗，绝大部分已经不懂不会"各得生计"的本领了。因此，出旗对他们实际上意味着失去生计。隶属汉军八旗的于景廉很可能即由于十九年的汉军出旗事件，在生计无着濒临绝境的情况下，找到了当时住在西山的曹雪芹。

据曹雪芹《南鹞北鸢考工志·自序》："……曩岁年关将届，腊鼓频催，故人于景廉字叔度，江宁人，从征伤足。旅居京师，家口繁多，生计艰难，鬻画为业迂道来访。立谈之间，泫然涕下，自称：'家中不举炊者三日矣。值此严冬，告贷无门，小儿女辈牵衣绕膝，啼饥号寒，直令人求死不得者矣。'闻之怆恻于怀，相对哽咽者有间。噫！斯时，余之困惫也久矣。虽倾囊以助，何异杯水车薪，无补于事。势须另行筹措。因挽使留居稍待，以期转假他处，济其眉急。夜间偶话京城近况，于称：'某邸公子购风筝，一掷数十金，不靳其值。似此可活我家数月矣。'言下慨然。适余身边竹纸皆备，戏为之扎风筝数事。复称贷两日，摒挡所有，仅获十金，遗其一并携去。是岁除夕前，老于冒雪而来，鸭酒鲜蔬，满载驴背，喜极而告曰：'不想三五风筝，竟获重酬，所得当共享之，可以过一肥年矣。'方其初来告急之际，正愁无力以助，期间奔走营谋，亦殊失望，愧助无功。不想风筝竟能解其急耶？爰思古之世，鳏寡孤独废疾者皆有养也。今者如老于其人，一旦伤足，不能自活，其不转乎沟壑也几希。风筝之为业，真足以养家乎？数年来，老于业此已有微名矣识者皆昵呼之以于瘸子，岁时所得，亦足赡家。因伊时时促余为之谱定新样，感此实触我怆怀，于是援笔述此《南鹞北鸢考工志》。意将旁搜远绍，以集前人之成；实欲举一反三，而启后学之思。乃详查起放之理，细究扎糊之法，胪列分类之旨，缕陈彩绘之要，汇集成篇。斯以为今世之有废疾而无告者，谋其有以自养之道也。时丁丑清明前三日芹圃曹霑识。"

丁丑是乾隆二十二年。根据《自序》中"数年来老于业此已有微名矣"的话，上推两到三年，正是乾隆十九年左右。曹雪芹是在乾隆二十二年清明前三日，将《南鹞北鸢考工志》全稿及自序完成的，而清明节是中国传统放风筝的节日。曹雪芹选择这样一个日子写下《南鹞北鸢考工志·自序》，既有心血完成的欣慰，也是取意吉祥吧。

这便是《南鹞北鸢考工志》的由来。

曹氏风筝谱《南鹞北鸢考工志》内容十分丰富，曹雪芹将风筝技艺总结为扎、糊、绘、放四艺；把风筝分为四十三类，每种风筝既有画诀，又有扎糊诀。画诀又分为正图与倒图。所谓画诀，是指风筝上画绘的图案，即将现实世界中的实有之事物加以艺术加工，以想象的、艺术的形象重新呈现于纸上。同时将该种风筝的画绘方法及特点写成诀语，以使艺人好学好记。扎糊诀的撰写也是如此。因此，曹氏风筝谱的创作，其工作量是相当大的。

我认为：这是曹雪芹从乾隆十九年起，将《红楼梦》的写作暂时放下了的一个主要原因——他集中于《南鹞北鸢考工志》的创作了。

而在这个过程中，不可忽视的是曹雪芹思想的重要转变。正如其《自序》中所说："因思古之世，鳏寡孤独废疾者皆有所养。今如老于其人，一旦伤足，不能自活，其不转乎沟壑者也几希。风筝之为业，真足以养家乎？"这样的事实启发了曹雪芹，他的思想发生了巨大变化：他顿悟到了"以艺活人"的巨大社会和实践意义。因之，他倾注了全部心血创作《南鹞北鸢考工志》这部风筝谱，"汇集成篇，斯以为今之有废疾而无告者，谋其有以自养之道也"。

　　我认为这是曹雪芹生命最后十年中主要的创作活动，即"以艺活人"，撰写《废艺斋集稿》。他要通过自己总结和创作的工艺技术手段，使得"人人有以自养"，使那些"鳏寡孤独有废疾而无告者"避免"转乎沟壑"的命运。不仅如此，他还希望以此引领那些在"太虚幻境"中幻灭的美丽生命走到一个新的世界中去："卜居武陵溪，仙源靡赋役。"

　　《红楼梦》的未成完璧，当然还有其他一些原因，因不属于本书主题，将在他处另行探讨。

三、以制器者尚其象

　　曹雪芹创作的风筝谱《南鹞北鸢考工志》是按照风筝的骨架结构和扎糊方法分类的，共分为四十三类[①]。按照骨架的结构和扎糊方法分类，是曹氏风筝谱的一大特点，这样的分类方法更符合力学原理，也更容易掌握其制作方法。更可贵的是，曹氏风筝谱不仅有文字，而且每种类型的风筝都绘有图谱，并写有歌诀。图谱有正图、有倒图，配有画诀，即说明画绘方法的歌诀。此外还配有扎糊诀，即说明扎糊方法的歌诀。曹氏风筝歌诀不仅有工艺要领，更兼文采优美，是寄托着曹雪芹理想的文学作品。

　　《南鹞北鸢考工志》因为流失海外，当年虽然抄摹下部分书稿，但内容只占这一册一半左右。对当年抄摹情况，孔祥泽做了追记，见胡德平著《说不尽的红楼梦——曹雪芹在香山》一书，以及《曹雪芹风筝艺术》一书第二章第三节。孔祥泽在《抄录下的〈废艺斋集稿〉的有关情

[①] 孔祥泽，《曹雪芹风筝艺术》，北京工艺美术出版社，2004年，第29页。

况》中说："对《南鹞北鸢考工志》，除抄录其中的章节文字，还勾描墨迹，摹绘图样。""所抄文字，不足十分之七，彩图不足十分之六，墨线图不足十分之五。"

现在保留下来的歌诀共二十首，图谱十四帧。歌诀又分画诀及扎糊诀。《曹雪芹风筝艺术》一书所收入的图谱有"宫式肥燕正图""宫式肥燕倒图""民式肥燕倒图""瘦燕正图""比翼燕正图""雏燕正图""雏燕倒图""小燕正图""新燕（半瘦）正图""彩锦倒图之一（屏开雀选锦）""彩锦倒图之二（耄耋富贵锦）"等。

大量精美图谱是曹氏风筝谱的一大特色。《易·系辞上》："形而下者谓之器。""以制器者尚其象。"意思是：凡制器者，首先要使所制之器有一个形而下的具体的物象，器须有形，物须有象，才能进一步制器。曹雪芹创作风筝图谱，并配以画诀，就是要使制器者即学习制风筝技艺的人首先有一个直观的印象，然后才可能按图索骥。

（一）比翼燕风筝

比翼燕风筝图谱有很高的观赏价值，现在它已经是曹氏风筝的标志性图谱。

有了图谱，曹雪芹还创作了画诀，教人怎样掌握画绘比翼燕风筝的要领。

《比翼燕画诀（喻夫妻）》：

> 比翼双燕子，同命相依依。
>
> 雄羽映青彩，雌衣耀紫晖。
>
> 相期白首约，互证丹心誓。
>
> 展眉喜兴发，顾眄神采奕。
>
> 喁喁多深情，绵绵无尽意。
>
> 引领瞩遐观，襟怀尤坦适。

为筑双栖室，撷取连理枝。

卜居武陵溪，仙源靡赋役。

相敬诚如宾，真情非伪饰。

偕隐岂邀名，淡泊实素志。

连夜新春雨，花开不违时。

牡丹已葳蕤，红绿交相辉。

彩蝶翩翩来，迷花不知惜。

锦衣纨绔者，尽是轻薄儿。

耻与侪辈伍，联袂去云霄。

图4-3 比翼燕风筝图谱

这首画诀的思想意义，放在后面讨论。读者若将这首画诀内容与比翼燕图谱对照来看，可以更好地理解曹雪芹是怎样用歌诀表达比翼燕风筝画法的：

比翼双燕子，同命相依依：这张图谱画的是两只相依相偎的燕子。

雄羽映青彩，雌衣耀紫晖：男左女右，左边是雄燕子，全身的底色是青蓝色；右边的是雌燕子，全身的底色是紫色。蓝色配紫色的色彩配伍娇艳、醒目，显得充满活力。

相期白首约，互证丹心誓：两只燕子胸前有一朵并蒂盛开的红色牡丹花，象征两只燕子丹心互证的誓言。

展眉喜兴发，顾昐神采奕。喁喁多深情，绵绵无尽意：两只燕子四目相对，互相深情地对视，似在喁喁私语，互相吐露情意。

引领瞩遐观，襟怀犹坦适：胸部为白色，象征襟怀坦白、适意。

为筑双栖室，撷取连理枝：两只燕子的指爪握着同一根枝条，即连理枝。

牡丹已葳蕤，红绿交相辉：雄燕子的翅膀上画绘着红色牡丹花，雌燕子的翅膀上画绘着绿色牡丹花。

彩蝶翩翩来，迷花不知惜：两只燕子尾羽配花是蝴蝶，仿佛迷醉在花丛之中。

这首画诀将比翼燕图谱的画绘要领全部说到了，即使不懂得风筝的扎糊技艺，只要掌握了画诀，再对照图谱，依样画葫芦也能执笔画绘风筝图谱，达到以艺自养的目的。

有了比翼燕的图谱和画诀，再对照扎糊诀来看：

比翼双头燕，扎法格调变：比翼燕是双头燕，这是与一般扎燕风筝都是单头燕不同的地方。

头高一作基，八一乃其范：以头部的高度为基准，头部与身子的比例是一比八。这是骨架的比例。

仍照拍子计，格变法不换：骨架仍然是拍子式结构。这是因为拍子风筝骨架可承受门幅较宽的图案所需承受的风力。而比翼燕因是双头，恰有这个特点。

宜宽不宜高，弯处尤需慢：比翼燕风筝因是双头燕，头部占比重较大，因此风筝的翅膀宜宽不宜高，高的话容易使风筝的平衡性能受到影响。膀角上部弯曲度宜平缓，不可起伏过大。

尾间双配花，两段下为限：按照"八一乃其范"的要求，配花位置应在尾羽结束处向上，按比例两段处。

切记要扎牢，莫使随风转：比翼燕因为体型宽，受风面积大，所以扎制要牢靠结实，不然受风时容易翻转或倒转。

取形欲轻灵，蝶飞或花瓣：为使其不致过分沉重，翅膀形体不宜过大，应画绘蝴蝶、花瓣等较小型图案。

（二）肥燕风筝

肥燕又分民式肥燕和宫式肥燕。

肥燕风筝画诀（喻男）

大地春回景色妍，燕子报喜到人间。

画拟人态形神备，笔法意匠体势全。

广额丰发腮含笑，眉梢上轩见喜颜。

红润眉心花绽蕊，绿泛眼膜叶钩连。

两目凝神须下视，一时洪福到眼前。

颔如满弓承双颊，胸似银瓶气度轩。

蓄势待发权在握，肘根腋翎必相衔。

两笔皆循膀线起，位在中央不可偏。

腰列纹锦即尾羽，上寿福禄在两端。

二尺一节尤须记，尾翎似盆节下悬。

主尾展开八字势，四翎适为一个宽。

两膀画作菱角形，肩领双钩半月圆。

铁肩高耸凌云志，一展遐龄可齐天。

翎如尺数各加十，上起中线各到弯。

羽内纹锦花一簇，红桃绿柳色最鲜。

五福捧寿桃花瓣，十禄全臻柳叶尖。

彩蝶双双飞上下，不负春光舞翩跹。

图4-4　宫式肥燕正图谱

79

为了方便风筝艺人谋生，曹雪芹在正图画诀之外，还发明了倒图法，在绘制风筝图谱时绘制了倒图，并创作了倒图画诀。艺人可以按照倒图将风筝图谱雕刻为图版，再用颜料刷印。这样可以大大降低风筝的制作成本，使寻常百姓家都买得起。

肥燕倒图画诀：

填墨为范成倒图，黑白易位抑何殊。

嗜痂有人偏喜爱，好怪无事不追逐。

别开生面变旧法，另创奇观辟新途。

个中布局耐寻味，巧用纹样见功夫。

倒图最忌笔画粗，眉目清晰要间疏。

眼前倒蝠拟笑口，胸中饱墨写成竹。

单笔改为双笔绘，白地翻做黑地涂。

膀梢尾下两处锦，只须依样画葫芦。

图4-5 宫式肥燕倒图谱

现代照相术（1839年）和现代制图学的翻版法发明以前，在画绘图谱时使用倒图法，应该是曹雪芹的首创。因而他用略带调侃的语气说："嗜痂有人偏喜爱，好怪无事不追逐。别开生面变旧法，另创奇观辟新途。"倒图的原理与中国传统铸造工艺中铸范、雕塑中倒模、雕版印刷、印章雕刻的原理是相通的，都是"一阴一阳之谓道"。但把它运用在画绘风筝图谱上，这是曹雪芹的发明。它出现于十八世纪中叶，是一项了不起的成就。这是因为曹雪芹设身处地体贴入微地为从事这门手艺的人着想，还花费相当多的心血去创作和画绘、写歌诀。曹雪芹的良苦用心，正如董邦达在为《南鹞北鸢考工志》所写的序言中所说的那样："其为人谋也，可谓忠矣。"同时更因为曹雪芹是一位勇于尝试新事物、新方法，善于发明创造新事物的人，具有真正发明家所具备的敏锐观察力、实践热情和上升总结为一门崭新的技艺的能力。他喜欢变旧法、辟新途，不肯墨守成规。曹氏风筝谱从头到尾都是新思维、新观念、新方法的产物。如图谱的画绘、歌诀的创作、新式风筝骨架的创制，甚至放飞原理也包含着曹雪芹对空气动力学的研究、探索和运用。

（三）瘦燕风筝

瘦燕画诀（喻女）：

红巾一幅缀素锦，酥胸双凸柳腰纤。

翡翠珊瑚镶宝带，雾縠冰绡束金环。

环带锦饰三元寿，裙绦彩多蓝紫绣。

福禄连绵绕仙桃，回纹万转玲珑透。

乐奏归风送远曲，浓歌艳舞风笙倚。

锦瑟凝歇已似终，绛幅缤纷舞又起。

仙袂拂云翮翮飞，珠袖临风飘飘举。

图4-6 瘦燕风筝图谱

胭脂霞帔石榴裙，红映九霄晴空里。

尘缘未尽一线牵，瑶池宴罢返人间。

谁信无方能持后，应许掌上看留仙。

瘦燕画诀使用了赵飞燕立于金盘上舞蹈等典故，并描述有仙乐伴奏的情景。图谱中使用了多种美丽的纹样、色彩和服饰美化喻女的瘦燕。瘦燕风筝造型特点是体型苗条、体态轻盈，好似仙女在空中舞蹈，仙袂蹁蹁，珠袖飘飘。

瘦燕扎糊诀：

瘦燕三三法更奇，一头一腹尾根齐。

头宽应是长之半，胸是膀条十之一。

中间仍照拍子计，两膀对扎扁圆拟。

上条健直尖子软，下条薄软缓翘之。

十段等分膀条论，两梢瘦削方俏皮。

尾竹上端顶上膀，二竹交处中线及。

下端长短如何定，六五于十最为宜。

头腹相停裆略短，十之一五莫或疑。

腿瘦狭长单面软，泄风左右不倾攲。

瘦燕风筝的骨架仍是拍子形。因造型纤细，上条的翅尖宜软，下条走势宜缓。腿部狭长，更宜软。属于上硬下软结合的类型。瘦燕风筝翼展宽，也能承受较大风力并能负重，可绑缚响器，配合瘦燕的放飞姿态，仿佛在空中载歌载舞。

（四）雏燕风筝

雏燕画诀（喻幼儿）：

> 雏燕，如何来画。拟人，是胖娃娃。
>
> 肢短，头宽且大。尾小，羽稀有差。
>
> 双瞳，澄似秋水。两颊，艳若荷花。
>
> 眉开，眼里含笑。黄口，呢喃学话。
>
> 心头，洁白天真。胸中，坦率无瑕。
>
> 孺慕，情意拳拳。除此，哪有牵挂。
>
> 春末，习步花丛。夏初，学飞林下。
>
> 时伴，彩蝶翩跹。偶逐，鸒雀穿架。
>
> 剪除，螟螣蟊贼。将学，巡田护稼。

图4-7　雏燕风筝图谱

雏燕扎糊诀（娃娃燕）：

　　雏燕，法何所范。格调，近似肥燕。

　　三停，受风泄风。中路，拍子计算。

　　定位，先求头纸。其高，实为个半。

　　宽度，正好两个。诀曰，四三之先。

　　也是，一头二腹。膀纸，三份折换。

　　主条，各余其四。一段，刮薄逐渐。

　　膀兜，不可太深。上条，刚直且健。

（五）小燕风筝

小燕画诀（喻童子）：

　　小燕欲将童子拟，四肢渐大短身躯。

　　颈长疑是头颅巨，眉清目秀意顽皮。

　　口角乳黄犹然在，胸中洁白更无欺。

　　权寄游兴桃源水，且寓逸情武陵溪。

　　尾随蛱蝶觅花圃，时逐鸳鸯戏芙蕖。

　　殷殷祝福椿萱茂，仙寿遐龄过云霓。

小燕扎糊诀（半胖）：

　　小燕扎糊法勿乖，项宽一段作标开。

　　头高一二以为度，一五干长腰下裁。

　　膀条六段外加四，左右长短细安排。

尾竹上端扎何处，腰间一段溯上来。

尾下至尖约三份，裆线抽一莫徘徊。

诚能悟得七三奥，五一玄妙记胸怀。

图4-8　小燕风筝图谱

（六）半瘦燕风筝

半瘦燕亦称新燕画诀（喻弱冠者）：

新燕至秋羽初丰，貌拟少年弱冠容。

黄口犹存童稚意，青衿已具成人形。

神凝两目澄秋水，气贯双眉耸剑锋。

世事未谙多棱角，胸怀坦荡喜争雄。

清晨戏蝶翻花圃，黄昏逐蝠入云丛。

邀集新雨觅仙境，会同故友访武陵。

奋翼千仞冲霄汉，展翅万里乘长风。

宇内翱翔无所羁，明春北返忆归程。

图4－9 半瘦燕风筝图谱

新燕扎糊诀（半瘦）：

> 半瘦燕子耐狂飙，骨架之竹必选挑。
>
> 新竹朽竹不可用，一遇急风刚劲消。
>
> 主条划成八等分，头宽一段以为标。
>
> 胸腹两个皆正方，个半即是头之高。
>
> 受风按纸来计算，中路仍照拍子瞧。
>
> 膀条上下分宾主，上要刚健下要薄。
>
> 膀兜莫深尖子软，下条上随瘦膀梢。
>
> 尾竹上端起何处，头下半段可扎牢。
>
> 全竹长达七个半，根软泄风不摆摇。
>
> 裆线泄风一二五，一五以内可推敲。
>
> 膀角头外开一段，配花二段上至腰。
>
> 两者若不扎牢固，误事差池在分毫。
>
> 诀中一语应参悟，一二五泄三五幺。

（七）彩锦倒图之耄耋富贵锦

彩锦倒图诀：

> 彩锦倒图腹镂空，为将锣鼓传音声。
>
> 屏开雀选活翎眼，耄耋富贵透花丛。
>
> 背上鼓架罩音斗，胸前气孔回声清。
>
> 雕饰莫将底色犯，糊纸尤须依形成。
>
> 肩头双月分倒正，膀尾纹样辨雌雄。
>
> 诚能妙用葫芦锦，最是传神在个中。

图4-10　彩锦倒图之屏开雀选锦图谱

（八）硬膀风筝

硬膀扎糊诀：

硬膀糊从两翅先，纸由条后搭向前。

膀线两端纸开口，预将稠糊涂外缘。

肩窝膀嘴须对扯，膀兜圆透方自然。

顺势粘纸莫外折，待到干牢再糊边。

边纸糊时勿过竹，最应留意在膀弯。

两膀凹处须一致，不然吃风必转圈。

受风泄风上中下，三停搭配重两端。

上部头是迎风主，胸腹随形有无间。

下部之尾主泄风，根软保稳不倒翻。

头小凹糊增风力，上大反之要平粘。

下尾条软最难平，轻粘慢卷始安全。

活头长尾当别论，倚形拟字须另参。

图4-11　硬翅风筝图谱

（九）长尾平头硬膀风筝

长尾平头硬膀扎糊诀：

> 计理事物同用兵，切莫空谈纸上行。
>
> 坑尽赵卒四十万，后世不忘忆长平。

图4-12 长尾平头风筝图谱

（十）软翅风筝

软翅扎糊诀：

> 软翅扎时条最难，汗不去透形必还。
>
> 主条受风应力大，反用竹青要烘干。
>
> 上条是主须刚健，若有下条宜扁圆。
>
> 轻巧玲珑论骨架，竹厚条密最为嫌。

图4－13　软翅风筝图谱

仿真借助脱胎法，薄用纸浆肖容颜。

膀未糊时拢线牵，稠糊匀涂要平粘。

干透方可去拢线，再将稀糊涂外缘。

边纸涂时莫过竹，轻捻慢卷始安全。

软翅专为摹形态，尤须神似栩栩然。

兔起鹘落拟鹰隼，下击上翻复盘旋。

多情最是双飞燕，左扑右闪逗云间。

金鱼浮泳常摆尾，彩蝶追逐喜翩跹。

鹭飞一行画青霭，雁排人字书苍天。

喜看长安小儿女，青梅竹马戏门前。

宓妃何兴来天畔，婀娜娉婷步清涟。

世上万物自殊异，全在神存动态间。

软翅独能传妙趣，悟得斯旨可通玄。

诀中一语千般用，尖对尖时弯对弯。

（十一）两大开扎糊诀

两大开扎糊诀：

一力合分两大开，顾名思义漫疑猜。

变幻三停谋奇正，幺四三二巧安排。

根纸连处聚散定，二八倒转七三来。

须知迎泄随形异，五点求中莫徘徊。

图4-14 两大开螃蟹风筝图谱

四、神迷机轴之巧　思魅格致之奥

《南鹞北鸢考工志》将风筝分为拍子、硬膀、软翅类，并将这几类风筝的结构特点结合起来，创制出一些新的风筝类型。如有软、硬膀结合的，有拍子和硬膀结合的，平面的与立体、半立体结合的，还有双线控制的。

曹氏风筝谱将风筝技艺总结为扎、糊、绘、放四艺。扎是扎制，即制作风筝骨架；糊是将风筝的受风材料如纸或轻薄的织物糊在骨架上；绘是风筝图案的画绘；放是风筝放飞技艺。尽管在曹雪芹的时代之前中国已经有了风筝，但直到曹雪芹才有了第一部按照科学分类方法著述的、内容十分丰富并具有很高思想性、艺术性、可操作性的风筝谱。今天，曹氏风筝谱已经成为中国风筝技艺的经典著作，曹氏风筝已经相当普及，成为中国风筝技艺的代表。

《南鹞北鸢考工志》中的风筝类型，经孔祥泽追记，共有四十三种。目前经孔祥泽等整理、复制出的有：

软拍子。按照骨架类型分，软拍子有又字形、米字形、十字形、伞形等。最简单的十字形风筝，周围没有膀条，中间只有一个十字形骨架，适合在风力较小的晴和天气放飞。又字形骨架的，先根据画面内容剪出大致轮廓，再用四根竹条粘成又字形，背后拉拢线，形成弓瓦形，为受风面；左右各加一根竹条，两侧泄风。之所以称软拍子，是因为其骨架是拍子形，但周围没有膀条。软拍子风筝是民间最常见的样式，它的骨架可以使用高粱秸秆等制作，图案可用木版法刷印，成本低，受到民间喜爱。软拍子风筝形状类似菱形，有横有竖，上下左右四头都是尖状，制作简单。它的骨架用两根竹条扎成十字形，中条上粗下细，横条用线拴成略弯曲的弓形，放在中条的三分之一处。放飞时，两条交接处以上是受风面，以下是泄风面。此类风筝应该是最古老的类型之一。我国南方，尤其江南、中南一带明清时期流行的鹞子风筝，就多属此类。如李渔《风筝误》中的糊鹞，应该就是此类鹞子风筝。

硬拍子。与软拍子的区别是周围有膀条，增加了受风烈度，可在北方有烈风季节施放。一般有长尾，以保持平衡。此种风筝也是民间最常见的样式。如"福"字风筝。

软翅子。骨架上半部分轮廓有竹条；下半部分没有竹条，为泄风面。其图案多为禽鸟、有翅昆虫等。泄风时，图案的翅、尾等部分随风飘动，有如同振翅般的动态美。《红楼梦》第七十回，探春屋里拿来的风筝就是一个软翅子大凤凰。又如老鹰、蝴蝶等也多为软翅子风筝。

硬翅子。骨架的两膀及四周轮廓都有竹条，可适应较强风力。如白菜、萝卜等风筝。

软硬双用式（扎燕类）。以扎燕风筝为代表，它是将软硬翅的特点相结合，上部为硬膀，下部为软膀。

筒子式。如"大门"风筝。

蘑菇伞。如"和合二仙"风筝。

担子风筝。

串担子风筝。如蜈蚣风筝。《红楼梦》第七十回，薛宝钗的风筝是"一连七个大雁的"。

挑子式。"如长安小儿女""斗燕"风筝。

长尾平头风筝。如"鲇鱼"风筝。

硬软翅。骨架上条很硬，尾下挂硬缀，造型多为禽鸟、燕子、昆虫、蜻蜓、蝴蝶等短尾。头部如风斗可以受风，放飞时如鸟儿飞翔状，动感极强。

软硬翅。骨架用软竹条扎成多层硬翅，竖排或横排组字用之，如"福、禄、寿、喜"等。

其余还有阳瓦块、阴瓦块、套筒式、方子式、三角方子式、多角叠层方子式、排子瓦垄、褶子式、长短翅分飞式、软翅俯飞、软翅斜飞、挑子串、硬膀长尾平头、筛子底、穗子饼、反弓绦、叠层计力、合力散用、阳瓦头长尾双线耍戏、兜子、排翼杂用、横排翼、复翼、倚形拟字复合用力、扑跌翅、复轮套框、开阖升降式等，有待继续发掘研究。

五、曹氏风筝谱的流传

　　曹氏风筝的代表作，从目前看到的残文，以扎燕形风筝图谱、画诀、扎糊诀最多，扎糊方法最成熟。而扎燕风筝的骨架都是拍子形的，这在雏燕、小燕、新燕、半瘦燕的扎糊诀中都能看到，就不一一举例了。据《曹雪芹风筝艺术》一书介绍，肥燕风筝是曹雪芹最初创制的风筝样式之一。它的骨架属于软硬翅结合式，都是一丈以上的大风筝，造型特点壮硕有力，两翅翼展不太长，但丰满圆健，头部至裆部正好是四块正方形纸的比例。这种风筝能吃较大的风力，可负重，如背锣鼓等。

　　肥燕风筝又分民式和宫式两种。现存的肥燕扎糊诀共有三首，分别是《肥燕扎糊诀》《宫式肥燕扎糊诀》《民式倒图扎糊诀》。这三首肥燕扎糊诀的内容大同小异，这正是它通过不同途径流传的结果。其中第一首扎糊诀应是曹雪芹的母本。即《废艺斋集稿·南鹞北鸢考工志》的文本。民式扎糊诀应是于景廉传下来的本子，宫式扎糊诀应是金福忠传下来的本子。

　　第一首肥燕扎糊诀：

　　　　肥燕四四法分明，一头二腹尾根停。

　　　　七段等分论条架，两膀对扎半圆形。

中间应照拍子计，尾竹上端中线逢。

下端长短如何定，横放架子首尾平。

上条健直两梢软，下条扁软缓随行。

论纸中间两方呈，两膀各四力均衡。

裆肥尾软风好泄，保稳全靠纸不松。

膀角配花须扎牢，上下大小要玲珑。

民式肥燕倒图扎糊诀：

肥燕四四法分明，一头二腹尾根停。

七段等分论条架，两膀扎成莲瓣形。

中间应照拍子计，尾竹上端略过中。

余长不足五段整，腰下三段零半停。

膀条上健两梢软，下条扁柔缓随行。

中间头纸略为高，胸腹不足两方形。

膀纸外梢虽见瘦，仍是四四力均衡。

裆肥一段泄风好，保稳全靠纸不松。

倒图无须扎膀角，为使弓琴多受风。

若有配花须扎牢，上下大小要玲珑。

宫式肥燕扎糊诀：

肥燕四四法最新，一头两腹齐尾根。

中间应照拍子计，主条七段皆等分。

两膀对扎似半圆，上条健直下条纤。

膀梢刮薄存弹力，糊成膀兜方自然。

尾竹宜软不宜硬，反使竹青须去性。

上端扎时盖中线，首尾横平以为定。

尾条全长约五段，腰下莫过三段半。

论纸中间四正方，两膀各四力相当。

尾纸糊法同软翅，力求平整勿松僵。

膀角主要是存形，尾中配花须持平。

两者务必扎牢固，上下大小利泄风。

中路裆肥尾保稳，收放不致左右倾。

仔细对照研究三首扎糊诀文字可以看出：三首肥燕扎糊诀底稿出于同一作者之手，因为它的扎制原理和使用的语言、内容叙述顺序是相同的；母本文字更流畅好读，通俗易懂，风格清新；民式扎糊诀文字更接近母本；宫式本增加了"膀梢刮薄"内容，可能是工匠制作风筝时，根据自己的心得和风筝样式的一些变化而增改的。

三首肥燕扎糊诀具体对比如下：

第一联，母本和民式本均为"肥燕四四法分明"；宫式本是"肥燕四四法最新"——这是肥燕风筝骨架比例的第一个特点，此处三个本子相同。

第二联，母本是"七段等分论条架，两膀对扎半圆形"；民式本是"七段等分论条架，两膀扎成莲瓣形"，只有两个字不同。宫式本是"中间应照拍子计，主条七段皆等分"，都是说主条应按七等分计算长度。

第三联，母本为"中间应照拍子计，尾竹上端中线逢"；民式本为"中间应照拍子计，尾竹上端略过中"，只有两个字不同，都是说骨架应是拍子式的，尾竹的长度应与拍子的中线相交或略微过一点。宫式本为"两膀对扎似半圆，上条健直下条纤"，将母本第二联的一句与第三联调换了一下。三个本子两膀的样式分别用了"半圆形""莲瓣形""似半圆"形容。

第四联，母本是"下端长短如何定，横放架子首尾平"；民式本是"余长不足五段整，腰下三段零半停"；宫式本将这一内容放在第七联，"尾条全长约五段，腰下莫过三段半"，即拍子中间以下是尾条，长度占主条全长约五段左右。这一联，民式本与宫式本较母本说得更具体。

通过三首肥燕扎糊诀内容的比较，可以看出：

民式本更接近母本；宫式本第四联以下，异文较多，可能是后来增加的。

第五章

敷彩之要，光居其首

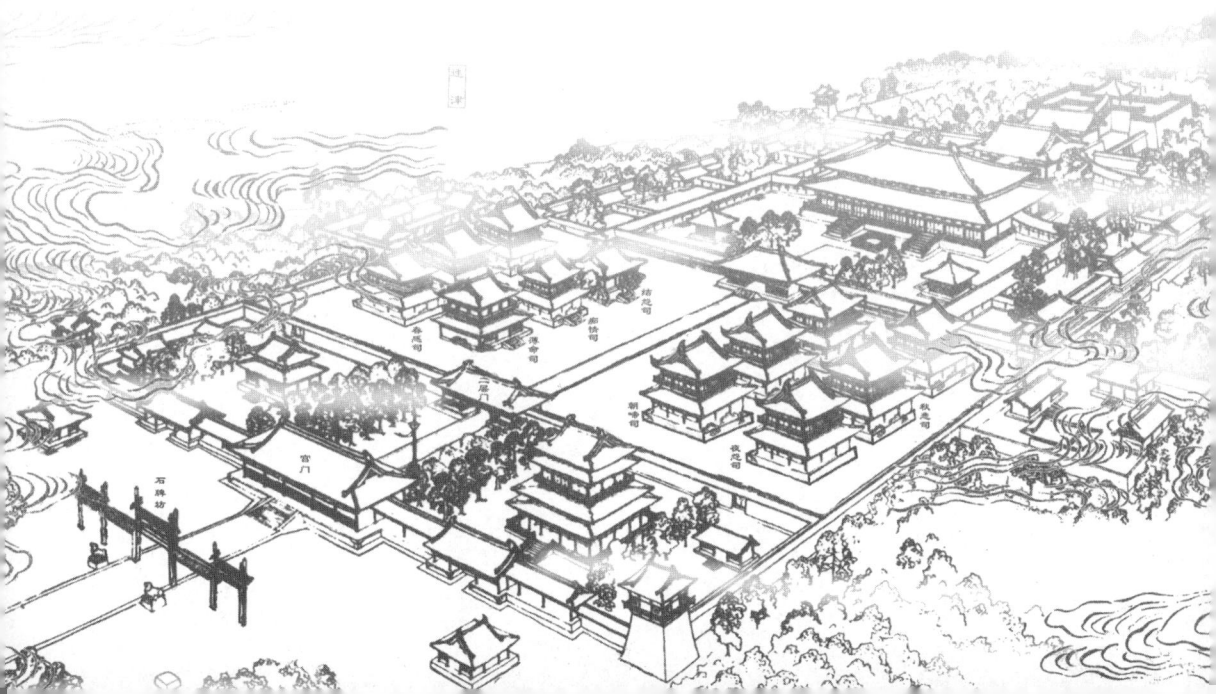

一、打破藩篱的乌金翅图画法

《废艺斋集稿》残篇中的第七册名《岫里湖中琐艺》，用谐音，取"袖里乾坤大，壶中日月长"句，即在方寸之间如何营造乾坤天地之意。这一册是讲园林建筑和画扇的。据孔祥泽追记，因当年抄摹时间有限，这一册的内容没有抄摹下来，仅将其中论及一幅画在扇面上的"乌金翅图"的内容抄了下来。

在这段文字中，曹雪芹着重论述了绘画色彩与用光的关系：

且看蜻蛉中乌金翅者，四翼虽墨，日光辉映，而诸色毕显。金碧之中，黄绿青紫，闪耀变化，信状难写。若背光视之，乌褐而已，不见颜色矣。他如春燕之背，雄鸡之尾，墨蝶之翅，皆以受光闪动而呈奇彩。试问执写生之笔者，又将何以传其神妙耶？至于敷彩之要，光居其首，明则显，暗则晦。有形必有影，作画者岂可略而弃之耶？每见前人作画，似不知有光始能显象，无光何以现形者。明暗成于光，彩色别于光，远近浓淡，莫不因光而辨其殊异也。然而画中佳作，虽有试之者，但仍不敢破除藩篱，革尽积弊，一洗陈俗之套，所以终难臻入妙境，不免淹滞于下乘者，正以其不敢用光之故耳。诚然，光之难以状写也。譬如一人一物，面光视之，则明显朗润，背光视之，则晦暗失泽。备阴阳于一体之间，非善观察于微末者，不能窥自然之奥秘也。若畏光难绘，而避之忌之，其何异乎因噎废食也哉。

信将废光而作画，则墨白何殊，丹青奚辨矣。若尽去其光，则伸手不见五指，有目者与盲聱者何异。试思去光之画，宁将使人以指代目，欲其扪而得之耶？

以上曹雪芹关于色与光关系的观点，不仅是中国传统绘画理论的重要突破，而且在中国古代光学史上也有一定价值。

图5-1 乌金翅图

二、雄羽映青彩，雌衣耀紫晖

　　西洋绘画用光的历史可以上溯至达·芬奇之前[1]。中国传统绘画历史悠久，具有独特的绘画技法、审美情趣和意识，历代在理论、风格、技法上都有演进和变化，但中国传统绘画是不讲用光的，这是与西洋绘画很大的差别之一。尽管中国传统绘画成就很高，但始终未能在色光关系运用方面有所突破，"以墨分五色"的理论和笔墨技法在一定程度上限制了中国绘画的写实能力。一千多年来，尚未有人触动这一理论根基。曹雪芹尖锐地指出，这是中国传统绘画的一大缺点，如不能"破除藩篱，革尽积弊，一洗陈俗之套"，则中国绘画"终难臻入妙境，不免淹滞于下乘"，"正以其不敢用光故耳"。曹雪芹对这种抱残守缺的态度提出批评，同时明确提出"敷彩之要，光居其首"的主张。这不仅是中国传统绘画理论的一大进步，而且在色光关系的认识上，至少具有以下几个方面的科学意义：

（一）关于色觉的成因

　　曹雪芹认为，色彩是物体本身所固有，但必须受到光的照射，才能显现出来。

　　色彩的感觉因光而产生，无光即无色：

　　　　明暗成于光，彩色别于光，远近浓淡，莫不因光而辨其殊异也。

　　　　信将废光而作画，则墨白何殊，丹青奚辨矣。

---

①（意）芬奇著，戴勉编译，《芬奇论绘画》，人民美术出版社，1979年。

（二）关于视觉的成因

曹雪芹认为，物体受到光照，显现出形状和色彩，映现于人的眼睛而产生视觉：

> 有光始能显象，无光何以现形。

> 实则物物有色，无非因其映于目中，受光所照，故有五色之多。

> 试若尽去其光，则伸手不见五指，有目者与盲瞽者无异。

（三）物体之受照面与明亮度的关系

物体之受照面不同，明亮度有很大差别：

> 一人一物，面光视之，明显朗润，背光视之，晦暗失泽。

（四）光的衍射现象

色彩在某些条件下，具有不稳定性，如乌金翅之类：

> 日光辉映，诸色毕显，黄绿青紫，闪耀变化。

> 皆因受光闪动而呈奇彩。

曹雪芹并指出这并非个别现象，而是有一定的普遍性。

西方近代光学的奠基人牛顿关于光学的主要成果，即光的线性传播，光的反射、衍射，光的色散现象的论文，发表于1704年，距曹雪芹生活的时代（1715—1764）相去不远。与西方学者建立在实验认证和逻辑推理基础上的光学知识体系不同，曹雪芹以上色光关系的观点是建立在观察和经验基础上的。尽管它不如牛顿光学严密，但牛顿光学中关于色光关系的大部内容，除色散学说外它都涉及了。与中国古代关于色彩和视觉机制的认识相比，前进了一大步[①]。曹雪芹关于色光关系的观点，应当看做是中国古代光学史上的一个重要成就。

---

① 王锦光、洪震寰，《中国光学史》，湖南教育出版社，1986年，第22页。

康雍乾三朝，清政府对与西洋等国的物质文化交流持开放态度，连雍正都有身穿西洋服装、头戴西洋式假发的画像。《红楼梦》中大量写到西洋器物，如钟表、自行船、药膏、洋绉纱、雀金裘、烟盒、洋漆、镜子上的西洋机括和洋錾珐琅活信、暹罗茶、葡萄酒、西洋画、西洋鸭、西洋花点子哈巴狗等等。写到的地名则有真真国等。曹寅《楝亭集·玻璃杯赋》："而况梯山航海，明珠翠羽之奇；袖犬枕钟，弱水流沙之远……皎若载阳，湛若凝光，涅之弗污，刻之不伤。信天国以为巧，渺炎海而来航。"此赋作于康熙四十三年，玻璃制品作为奢侈日用品已经进入中国贵族家庭。《红楼梦》中也写到贾蓉向凤姐借玻璃炕屏一节，说是家中来了贵客，要借去摆一摆。这样的生活环境，曹雪芹受到西方文化的影响和浸润，是很自然的。敦敏《瓶湖懋斋记盛》记，曹雪芹有"余睹西洋画后，吸其用色之长""需从家藏《织造色谱》，稍窥西洋染色之精要"的话。从这些材料可以看出，曹雪芹对西方科学技术是抱着积极学习的态度的，也因此才能有他打破中国文化传统消极因素的理论和实践。孔祥泽1943年抄摹的曹雪芹所画《乌金翅图》，就是曹雪芹的绘画用光的范例。

第六章

无所不师，无所必师

一、取法自然，方是大法

《废艺斋集稿·岫里湖中琐艺》这一册有一部分残文，曹雪芹以乌金翅画法为例论述色与光的关系，在第五章中已经做了一些介绍和评价。曹雪芹在这部分残文的另一段，还提到"取法自然，方是大法"的重要思想。原文如下：

芹溪居士曰：愚以为作画初无定法，惟意之感受所适耳。前人佳作固多，何所师法？故凡诸家之长，尽吾师也，要在善于取舍耳。自应无所不师，而无所必师。何以为法？万物均宜为法。必也取法自然，方是大法。

每画一物一景，首当明其旨趣，则主次分矣；然后经营位置，则远近明矣。取形勿失其神，写其前须知舍其后，画其左不能兼其右。动者动之，静者静之。轻重有别，失之必倾；高低不等，违之乱形。近者清晰，纤毫可辨；远者隐约，涵蓄适中。理之必然也。

曹雪芹关于绘画要"取法自然"的论述，包含了这样几层意思：

一是画家要敢于"打破藩篱"，以自然为法、为师。中国传统绘画有很高的成就，佳作不少。但发展到清代，特别是乾隆帝对四王的推崇，更加深了传统山水画审美情趣的僵化和笔墨、布局等技法上的程式化等倾向，在师承上更是因循守旧，使得中国传统绘画的主流几乎走入了绝境。而民间生机盎然的绘画如朱耷等人的作品却得不到青睐。

曹雪芹提出：在绘画理论上和技巧上，法无定法，万物均宜为法，以自然美、美得自然为大法；在师承上，要博采诸家之长，无所不师、无所必师，不能抱残守缺一成不变。在绘画技法上，首当明旨趣，即知道自己想要表达什么样的思想和感情。一个人的思想和感情假如是陈陈相因了无生趣的，那么笔下的东西也必然了无生趣，缺少情感的力量，怎么可能打动读者和观众呢？其次还要讲究经营位置；取形要有神；还要知取舍、辨轻重、别动静、分高低、明远近，等等。

而这一切绘画技巧的取舍，则取决于审美意识。审美意识的高下，又与人的观念紧密相关。自然的美生生不息，永远新鲜。人将自然美形上化后，要有返璞归真的意识，要美得自然。在形上和形下之间，没有一道不可逾越的鸿沟。曹雪芹是这样说的，更是这样做的。他的乌金翅图画法突破了中国传统绘画的桎梏，大胆用光，正是他取法自然的实践。

罗丹（1840—1917）说："但愿自然成为你们唯一的女神。对于自然，你们要绝对信仰。你们要确信，自然是永远不会丑恶的，要一心一意地忠于自然。""对于艺术家，自然中的一切都是美的。"罗丹提倡现实主义创作理念，敢于突破学院派束缚，崇尚自然，走自己的路。后人评价罗丹是旧时期最后一位、新时期第一位雕塑家。他对后世的影响非常深远。

中国的曹雪芹也是这样一位绘画理论家和实践者，中国绘画现实主义创作理念第一人，比罗丹早了一百多年。遗憾的是，曹雪芹的崭新的现实主义的美学理论和实践却至今没有被很好地认识和研究，更不要说继承发扬了。然而青山遮不住，毕竟东流去，包括自然观在内的曹雪芹的思想终将会成为人类共同的财富，成为帮助人类冲破旧的思想、方法乃至价值观的有力武器。如尼采所说："当上帝让一位思想家来到人间的时候，一切都有危险了。"

二、夫子非攻，故其法卒无所传

曹雪芹在论及风筝的源流时说：

112

观夫史籍所载，风鸢之由来久矣。其可征者实寡，非所详也。惟墨子作木鸢，三年而飞之说，无或疑焉。盖将用之负人载物，超险阻而飞达，越川泽而空递。所以辅舆马之不能，匡舟楫之不逮者也。揆其初衷，殆欲利人，非以助暴。夫子非攻，故其法卒无所传。

非攻是墨子的思想。墨子是和平主义者，强烈反对战争。在《非攻》篇里，墨子用"百姓饥寒冻馁而死者"等八个"不可胜数"，叙述战争的祸患。

曹雪芹认为，墨子做木鸢的目的，是为了"用之负人载物，超险阻而飞达，越川泽而空递"，克服地理条件的困难，"辅舆马之不能，匡舟楫之不逮"，是为了利人而非助暴，"故其法卒无所传"。这个看法是很中肯的。墨子的时代之后，虽然也不乏在战争中用风筝传递消息、丈量距离等记载，但总体而言风筝在战争中的作用很有限，因此逐渐沦为纯粹的玩具，在人们的观念中"微且贱矣"。除了墨子，先秦时人对风筝没有纯粹的科学兴趣，导致了风筝虽然发明很早，但其可征信的史料很少，风筝技术也没有得到长足的发展。只是在宋代，由宋徽宗主持编写了一部《宣和风筝谱》，但风筝技艺仍然没有得到普及发展。在曹雪芹手中，风筝是第一次作为一种科学技术、工艺美术被系统研究、探索、创新和总结，是曹雪芹使风筝技艺科学化、图案化、系列化，集自然美和人文美于一身。

三、兼相爱，交相利

在思想和世界观方面，曹雪芹也是"无所不师，无所必师"的。《南鹞北鸢考工志·自序》称："玩物丧志，先哲斯语，非仅警世之意

也"，称孔子是"先哲"，又赞扬"因思古之世，鳏寡孤独废疾者皆有养也"的儒家伦理和道德。曹雪芹在《红楼梦》中，借贾宝玉之口，反对的是将儒学作为桎梏人性的死教条和晋身功名的手段。对待战争的态度、对待工艺技术的态度、对待社会平等的态度等方面，曹雪芹又是宗墨的。在于叔度通过风筝技艺实现了"自养"之后，曹雪芹的欣喜溢于言表，他说"风筝之为业，真足以养家乎？"又说："感此实触我怆怀，援笔述此《南鹞北鸢考工志》。"在《南鹞北鸢考工志》的风筝歌诀中，曹雪芹多次使用了"武陵溪"这个词汇表达他的理想世界，如"卜居武陵溪，仙源靡赋役""且寓逸情访武陵""会同故友访武陵"。而通往武陵溪的手段，就是墨子学说"交相利"基础上的"兼相爱"——在平等交换的经济基础上实现平民的经济独立和人格尊严，这是曹雪芹理想的社会伦理道德和人际关系。李泽厚认为，墨家思想虽然没有成为主流，却也并没有消失。在曹雪芹那里，墨家思想由于一个特殊的机缘，被赋予了新的意义。在精神气质上，曹雪芹崇尚阮籍，自号"梦阮"，朋友也说他"狂于阮步兵"。阮籍生活的时代，王朝更迭频繁，上层政治斗争异常残酷，名士们朝不保夕，不断遭受杀戮和迫害，"常畏大网罗，忧祸一旦并"。残酷的政治清洗和身家毁灭，使他们的人生充满无边的忧虑、恐惧和哀伤。在哲学思想上，阮籍崇尚老庄，但也不反对儒学。阮籍的寄情山水只是表象，内心却非常执着人生，热爱生命，有济世情怀，这更加深了他精神的痛苦。曹雪芹也是如此。但曹雪芹从来不是一个消极出世、一味放浪形骸、诗酒度日的人，他是诗人、作家、思想者、工艺技术家、社会改革的实践者，珍惜和热爱生命，生活态度积极。他既吸收和继承人类一切思想精华，又积极创新之，无论文学创作还是工艺技术创造皆如此。他的《红楼梦》确实当得起"传神文笔足千秋"的美誉。而在生命的最后十年，他拼尽生命的全部光华创作的《废艺斋集稿》，则是世界古代文明史上人道主义光辉的巅峰。

第七章

伟大的人道主义里程碑

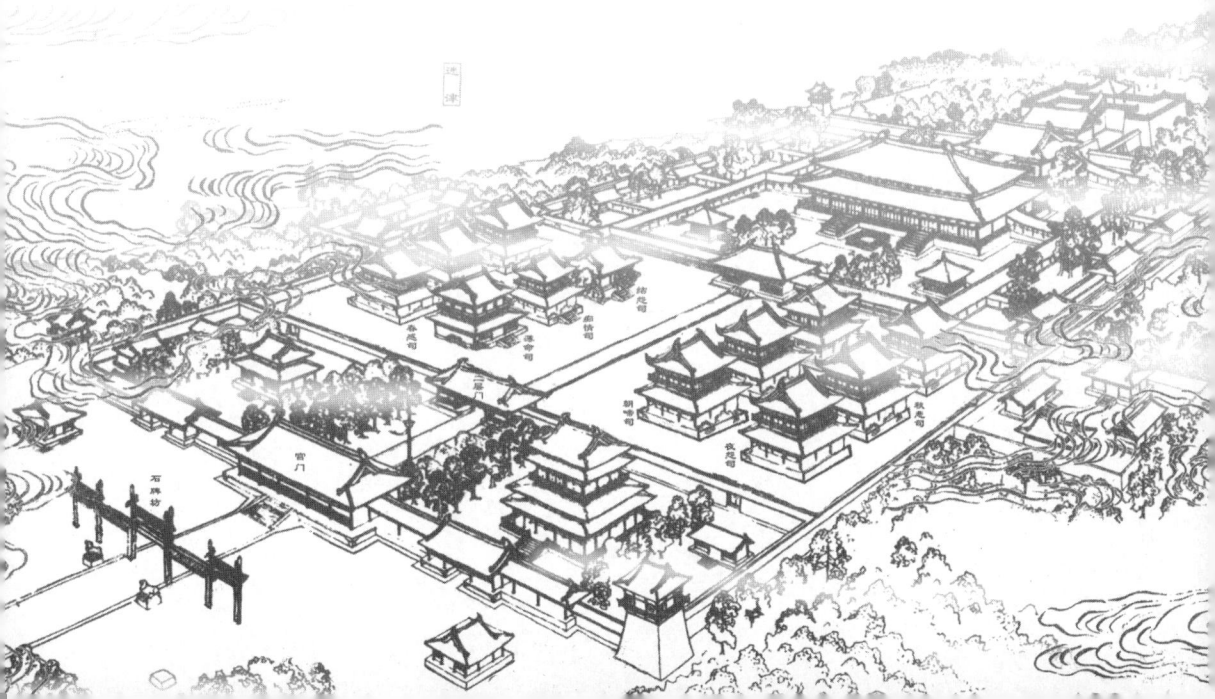

一、其为人谋也，可谓忠矣

　　宗室诗人敦敏、敦诚兄弟是曹雪芹的好朋友。敦氏兄弟是英亲王阿济格后裔，爱新觉罗氏，生前一直没有什么大的功名。敦敏字子明，号懋斋，著有《懋斋诗钞》。敦诚字敬亭，号松堂，著有《四松堂集》。敦氏兄弟乾隆九年左右入宗学读书[1]。他们与曹雪芹相识并交往，可能源于此时，后与曹雪芹一直相交甚笃。二敦有不少诗作写到曹雪芹，为后人留下了有关曹雪芹的珍贵资料。

　　乾隆二十三年腊月二十四，在敦敏位于北京南城太平湖畔的居所举行了一次聚会，参加的人有曹雪芹、董邦达、敦敏、钮公、过子和、于景廉、敦敏的堂弟乳名惠哥者等。会后，敦敏写了一篇《瓶湖懋斋记盛》，记叙这次盛会。现存的《瓶湖懋斋记盛》残文是吴恩裕校补的[2]。原文署名是"懋斋敦敏记于瓶湖莳庐"。为使读者有一个全面的印象，特将《瓶湖懋斋记盛》残文照录如下[3]：

　　　　《南鹞北鸢考工志》一书，为余友曹子雪芹所撰，窃幸邀先睹之快。初则惊其丹青之妙，而未解其构思之难也。既见实物，更诧其技艺之精。疑假为真，方拟按图索之，乃复顾此失彼。神迷机轴之巧，思魅格致之奥。于是废书而叹曰："斯术者，非余所能学而知之者也。"乃观其御风施放之奇，心手相

---

[1] 沈治钧，《红楼梦成书研究》，中国书店，2004年，第545页。

[2] 吴恩裕，《曹雪芹佚著浅探》，天津人民出版社，1979年，第249页。关于吴恩裕校补的部分文字情况，请参看第251页。

[3]《瓶湖懋斋记盛》残文原稿因年代久远，部分字迹模糊不清，现在的残文是由吴恩裕先生校补的。见《曹雪芹佚著浅探》第249页。

应，变化万千，风鸢听命乎百仞之上，游丝挥运于方寸之间。壁上观者，心为物役，乍惊乍喜，纯然童子之心，忘情忧乐，不复知老之将至矣。

芹圃引言曰："玩物丧志。"盖恐溺之者移易性情，而发此深虑之语也。

戊寅腊月二十四日，董公孚存亦莅斯会，感而为序。谓余曰："今日之集，固乃千载一遇，虽兰亭之会，未足奇也。"嘱余制文，记其盛况。嗟余才疏学浅，谫陋无文。每有句读之失，难免鲁鱼之讹也。余尝与过公子和曰："若敬亭得与此会，而撰斯文，庶不致挂一漏万矣。"兹勉述之于后。

□□□□之□。先是，□舅钮公自闽返京(原注：七月会公初度，亲友多往贺者。世家子弟，鲜衣华服，与公酬酢，谄语佞色，公甚厌之；顾余曰："富贵而骄奢，未有不败者；反不如布衣之足以傲王侯也。")独以所得藏画出示，而真伪莫辨。嘱余择所善者，即以为□。

爱思鉴别字画，当推芹圃；又且久未把晤(原注：春间芹圃曾过舍以告，将徙居白家疃。值余赴通州迳过公，未能相遇)。苦念綦切，乃往访其新居。几经询问，始抵其家(原注：其地有小溪阻路，隔岸望之，土屋四间，斜向西南，筑石为壁，断枝为椽，垣堵不齐，户牖不全。而院落整洁，编篱成锦，蔓植杞藤，□□□□□，有陋巷箪瓢之乐，得醉月迷花之趣。循溪北行，越石桥乃达)。扣篱至再至三，俄顷一老媪出应曰："客人其访雪芹耶？"余曰："然。"妪曰："彼为人邀去，多日未返家矣。"媪自称姓白，得雪芹顾恤，相处如一家人(原注：殷殷延余入，问所从来，余以情告)。遂留名帖，请代致意，怅然而返。

又月余，芹圃未至。渴念不已，策马再访，遇白媪于门，而谓余曰："何不巧之甚耶！前数日，雪芹回，见君名帖，欣然谓老身曰：与君为知交，久拟谋面，因友人邀做臂助，未容抽身；事毕即将进城回拜也。想亦未料及君之再至。两日前又去其友人处矣。"稍坐后，假纸留书订邀（原注：时白媪煨芋以饷，并缅述徙此经过。初，妪有一子，襁褓失怙。夫家无恒产，依十指为人做嫁衣。儿已弱冠，竟染疫死。彼遂佣于大姓，不复有家矣。去冬哭损双目，乃致被辞，暂依其甥。既无医药，又乏生资，已濒绝境。适遇雪芹过其甥处，助以药石，今春渐能视物矣。因闻雪芹又将远徙，媪乃挽人告之：愿以其茔侧之树，供雪芹筑室。其工既竣，雪芹以一室安白媪。媪且泣且言，复云："雪芹初移此间，每有人自京城来求画。以是，里中巨室，亦多求购者。雪芹固贫，饔食有时不继；然非其人虽重酬不应也。囊有余资，常济孤寡。老身若不遇雪芹，岂望存活至今也！"闻白媪言，愈思与芹圃一面，以慰渴念，而动定参商，缘会不偶）。久之亦无裁答。

入冬，雨雪频仍，郊行不便。适过公惠赐墨宝，悬之懋斋，以光蓬荜。又叙及藏画事，公曰："既不得晤雪芹，何不求董公孚存鉴之？"余曰："琐屑细事，未便渎神董公。"过公曰："为汝家惠哥学画事，岂少烦董公耶？"余曰："为此事久拟备筵谢董公。今者即烦吾叔代为邀请，敬俟孚翁休暇以莅。期于先时见告，容作筹备也。"过公曰："何必令汝破费！"余曰："非仅为鉴别字画也。"遂允为转请。

腊月二十日，得过公示，已代约于二十四日□时，着余备帖往肃董公。翌日，晴暖如春，比年此月酷冷，而今岁独燠。晨起信步出城，拟购南酒，遴选数家，均未中意。复前行至菜市口，见纸店，遂购宣纸数张，方出肆门，忽闻喧笑声甚稔。

寻声眺视，竟是芹圃，为人坚要小酌，力辞不得。两相争议，路人为之驻足。乃趋前呼之，其围始解。芹圃不觉喜甚，谓余曰："两承惠顾，失迎是歉。此番入城，已拟拜晤，不意邂逅于此，何遇之巧也！"邀饮者复与芹圃约期而别。

芹圃挽余行，且告曰："往岁戏为于景廉扎风筝，后竟以为业。嗣复时时相要，创扎新样。年来又促我逐类定式，撰而为谱，欲我以艺活人也。前者同彼借家叔所寓寺宇，扎糊风筝，是以家居时少，以致枉顾失迓也。"余亦以前情告之。复将此来为选购南酒，以备宴请董公事相告，芹圃曰："坊间无佳酿，友人馈余远年贮酒数坛，现存叔度处，同往取之可也。"

言已，挽我西行，至一旧裱糊铺前，芹圃方欲启门，而叔度已挂杖出迎矣。相见喜甚，芹圃以巧逢告之。叔度烹水瀹茗以余，属芹圃而去。方拟挽之，去已远矣。

叔度寒士，贫而好客，芹圃出其所著之书示余，甫阅其图，便觉绚丽夺目，人物栩栩，光明曝照，曾所未睹。正惊诧间，叔度已购来鲜鱼肴酒，欣然谓余曰："君与芹圃交厚有年，亦知其擅南味否？今者不成敬意，实拟邀君之惠，烦芹圃做鱼下酒，藉饱口福也。"余曰："使君破费，我心何安？诚所谓却之不恭矣。"

叔度复将芹圃为其所扎风筝取出，罗列一室，四隅皆满，致无隙地。五光十色，蔚为大观。因问："何时设肆于此？"叔度云此铺系其友所遗。今者亡友物故，家人扶榇南返，嘱其代为照看也。更招余等至复室，移桌就座；置杯箸，具肴酒，盥手剖鱼，以供芹圃烹煎。其间为余缕述昔年芹圃济彼之事，言下犹且咽哽，唏嘘不能自抑。复谓余曰："当日若非芹圃救我，则贱躯膏野犬之腹也久矣！"芹圃亟止之曰："适逢其会，无足挂齿。何况朋友本应有通财之义，今后万勿逢人便道此事也。"叔度曰："受其惠者，能不怀其德乎？如我之贫，更兼废疾，难于谋生矣。数年来，赖此为业，一家幸无冻馁。以是欲芹圃定式著谱，庶使有废疾类余者，藉以存活，免遭伸手告人之难也。"芹圃曰："叔度推己及人之见，余深然之，非过来人讵能若此深切也？"

余忆前时白媪之言，今者叔度之诉，则芹圃之□□□□。叔度趣而言曰："我得异味，不忍独享，愿与知友共之，是亦'推己及人'之谓欤？"相与大笑移时。

时叔度将汤海来，芹圃启其覆碗，以南酒少许环浇之，顿时鲜味浓溢，惹□□□□，诚非言语所能形容万一也。鱼身劙（lí）痕，宛似蚌壳，佐以脯笋，不复识其为鱼矣。叔度更以箸轻启鱼腹，曰："请先进此奇味！"则一斛明珠，灿然在目，莹润光洁，大如桐子，疑是雀卵。比入口中，□□□□。复顾余曰："芹圃做鱼，与人迥异，不知北地亦有此烹法否？"余曰："曾所未见，亦所未闻，□□□□也。第不知芹圃何从设想？定有妙传，愿闻其名。"叔度曰："此为'老蚌怀珠'，非鳜鱼不能殊其变□□□□。若有鲈鱼，又当更胜一筹矣。"余曰："江南佳味，想亦以此为最？"芹圃曰："我谓江南好，恐难尽信。余岂善烹调者，亦只略窥他人些许门径，君即赞不绝口，他日若有江南之行，遍尝名馔，则今日之鱼，何啻小巫见大巫矣。"余方默思其言，叔度曰："莫使菜凉味变也。"相与大嚼，言笑欢甚。爰将邀请董公鉴画定于二十四日□时事，告知叔度，并请过舍作陪。叔度固辞曰："余今憔悴不如贩夫，若使我列君家盛宴，毋乃不伦。"余曰："董公高义，素重后学，奖掖提携，不以□□□□也。"叔度欲言，芹圃止之曰："恭敬不如从命也。"

　　酒阑饭罢，已逾□时，遂挽芹圃过舍盘桓，携其贮酒同返。临行再邀叔度，更请以风鸢相假，欲得董公观赏之，并使家人同开眼界也。芹圃曰："微末小技，何誉之甚耶？若以佐兴，或可博人一笑耳。"叔度曰：芹圃所扎人物风筝，绘法奇绝，其中宓妃与双童两者，则为绝品之最；特什袭藏之，未敢轻出示人。今已不及赶赴东城，□朝往取，再行送上，定邀董公赞许也。"余遂拜谢盛情，与芹圃赁舆载风鸢、南酒而归。是以得快读其书。

　　二十四日，晨曦甫上，人声已喧，忙于除旧迎新也。民谚曰："二十三，赶小年；二十四，写大字。"视为吉辰。万户千家，春联争奇句，桃符竞新文。此风尚自宫掖间。每岁是日，诏善书者入值，为诸官所书楹联，以迎新春。供奉事毕，御赐有差，给假若干日，归家理年事矣。夜来□闻禁中早预遣人奉迓董公，命舆去迓，欲将所借风鸢，陈于中庭，苦无挂处。思之再三，未得其法。乃就芹圃而问之，如其教，以长绳三列，布于檐下而悬，恰可尽陈无遗(原注：余遇此细事，竟为所困，则芹圃与我，智愚之间，真不可以道里计矣)。时芹圃正忙于烹鱼，家人亦从而学焉(原注：固知今日筵间之味，无一可与相比者。芹圃云："将以助兴。"盛情未可却也)。

　　约当辰正，过公至，问余曰："孚翁已先至否？"余曰："尚未，已命轿车往候矣。"过公将书画付余曰："真伪未敢妄断，宜待董公鉴之。"

　　言已，入中庭，遽然而问曰："何为购得若许风鸢？"余曰："此皆芹圃之作，借自于叔度处，为请董公赏鉴者。"语未毕，过公指宓妃而诧曰："前立者谁耶？"余应曰："吾公视其为真人也乎？实亦风筝。"过公就前，审视良久，谓余曰："尝闻刍灵偶俑之属，与人逼似者，不可迩于寝室，防不祥也。倘系夜间，每能吓人致疾。"余曰："敬闻命。愿俟董公审阅后，当即收之。"

过公问："何时得晤芹圃？今日能来否？"余曰："前日巧遇，已邀同来舍；现于后室做鱼，将以助兴也。"遂肃过公入见。

芹圃方以莲心浸醉□，过公曰："芹圃多才，素所闻矣；尚不知精于烹调也！"因以前日所食异味相告，过公欣然曰："今日可云幸会矣！（下缺）

这段文字虽是残文，但内容很丰富，为我们了解曹雪芹在乾隆二十年以后的生活和创作活动提供了很多重要的信息：

《南鹞北鸢考工志》中的曹雪芹自序虽然有"丁丑清明前三日芹圃曹霑识"的落款，说明曹雪芹在乾隆二十二年清明前已经把《南鹞北鸢考工志》这部风筝谱完成了，但直至乾隆二十三年底，曹雪芹仍然用很多时间精力在继续风筝的创作，以致敦敏在乾隆二十三年两次去西山寻访曹雪芹不值。

乾隆二十三年春天，曹雪芹曾经到敦敏家里，告诉敦敏将徙居白家疃。适值敦敏赴通州迎迓过公——过子和，因而没有见到。敦敏看到的曹雪芹白家疃新居应是在乾隆二十三年春前后建好的，其地点"有小溪阻路"，"循溪北行，越石桥再南折"可到达。曹雪芹自号"芹溪"是否搬到白家疃之后？从《废艺斋集稿》现存的残文中试着推测一下：《南鹞北鸢考工志·自序》的落款是："时在丁丑清明前三日　芹圃曹霑识"，则曹雪芹在丁丑即乾隆二十二年，行文习用落款为"芹圃"。《岫里湖中琐艺》论乌金翅图画法残文有"芹溪居士曰"字样。又张宜泉《怀曹芹溪》诗："似历三秋阔，同君一别时。怀人空有梦，见面尚无期。扫径张筵久，封书界雁迟。何当常聚会，促膝话新诗。"研究者多认为这首诗是怀念回南的曹雪芹的。根据我以上的考订，曹雪芹回南应该在乾隆二十四年卯。这时曹雪芹已徙居白家疃，住在小溪侧畔的

"土屋四间"，则"芹溪"之号应该是在定居白家疃之后使用的。据此，则张宜泉《题芹溪居士》诗也应该是曹雪芹住在白家疃之后、很可能是乾隆二十四年写的。

乾隆二十三年这一年，曹雪芹经常居住在其"家叔"所住的庙里；而这个庙的地点离于叔度裱糊铺也即经营风筝的门面应该不太远。曹雪芹有一个叔叔在宣南千佛寺出家[①]，而清末或民国时，据说有人路过宣南某寺庙，见到寺庙里的风筝非常精美，迥异于市面上的风筝。《瓶湖懋斋记盛》中敦敏记，自己在乾隆二十三年腊月二十一日出门去菜市口买酒和宣纸，为二十四日的聚会作准备。敦敏是步行前往，半路遇见了曹雪芹。也可以证明雪芹寓居寺庙，经常与于叔度在一起制作风筝，于叔度为朋友看管的菜市口铺面房等互相距离不太远，应都在宣南菜市口一带。

曹雪芹在乾隆二十三年左右创作过非常精美的人物风筝，如"宓妃"和"双童"；在懋斋盛会上，宓妃风筝之精美和逼真，使得过子和误以为是真人，竟问：前面站的是谁？当敦敏告诉他这是风筝时，过子和看了半天，几乎不相信自己的眼睛了。

此外，懋斋盛会前后曹雪芹、董邦达、钮公、过子和、敦敏、惠哥、于叔度等人互相间的交往与关系等；曹雪芹帮助贫苦无依、丧子而又几乎失明的白媪，为她治疗眼疾，白媪与曹雪芹像一家人一样生活在一起。白媪说京城中不时有人来求曹雪芹的画，而曹雪芹若非其人，虽重酬不应；当于叔度说起曹雪芹帮助自己的义举时，曹雪芹再三阻止，嘱于叔度不要逢人就说此事；曹雪芹与敦敏和于叔度一起小酌时的谈笑风生；被人非要拉去吃酒时竭力推辞的潇洒和豪爽，等等。

这是一个何等生动、真实而充满活力的曹雪芹！《瓶湖懋斋记盛》提供的关于曹雪芹在乾隆二十三年左右的活动和交往细节是极其丰富的。

作为后人，我们应该以什么样的心态对待《废艺斋集稿》这份饱含着曹雪芹的心血和伟大人道情怀的宝贵文化遗产呢？！

[①] 李金龙、孙兴亚，《北京宣南寺庙文化通考》，学苑出版社，2009年。

二、旨在济世，意在活人

乾隆二十三年腊月二十四日的懋斋盛会之后，董邦达受到曹雪芹的高行义举和盖世才华的强烈感染，为《南鹞北鸢考工志》写了一篇序言。原文如下：

尝闻教民养生之道，无论大术小术，均传盛德，因其旨在济世也。扶伤救死之行，不论有心无心，悉具阴功，以其意在活人也。曹子雪芹悯废疾无告之穷民，不忍坐视转乎沟壑之中，谋之以技艺自养之道，厥功之伟，曷可计量也哉。

观其名，是书之为《南鹞北鸢考工志》也。不曰谱而曰志，曰考工，是则不欲攘他人之功，其自谦抑也，可谓至矣。称南北而略东西者何耶？寓纬于经也。盖扎糊绘放四艺者，乃风筝之经。是书之作，意重发扬，故能集前人之成，撮要提纲，苦心孤诣，以辟新途，而立津梁。实欲启后学之思，诱导多方，惨淡经营，更变常法，而为意匠。所期者，举一反三，不使囿于篇章。其为人谋也，可谓忠矣。

斯书也，所论之术虽微，而格致之理颇奥；所状之形虽简，而神态之肖维妙。观其以天为纸，书画琳琅于青笺；将云拟水，鱼蟹游行于碧波。传钲鼓丝竹之声于天外，效花雨红灯之趣于空中。其运智巧也，可谓神矣。

愚以为，济人以财只能解其燃眉之急，济人以艺斯足养其数口之家矣。是以知此书之必传也。与其谓之立言，何如谓之立德。

己卯正月 孚存董邦达序

董序分四个层次对《南鹞北鸢考工志》作了评价：

《考工志》的写作宗旨是"教民养生之道""谋之以技艺自养之道"，董邦达赞誉说，这是"济世活人"，是盛德，是阴功。

曹雪芹以"考工志"的形式，意在发扬古代的技艺，集前人之成，启后学之思，又苦心孤诣、独辟蹊径，将风筝技艺以意匠之法加以表现。曹雪芹这样做的目的，是为了使学艺、从艺的人能举一反三，不独能看懂，而且能操作；不独能掌握，而且能创造。为人着想、谋划到这样无微不至的程度，可谓忠心耿耿。

对《南鹞北鸢考工志》的科学技术原理和美学成就的评价。认为风筝虽然一向被人视为微末之术，其实是含有深奥的"格致之理"的；风筝虽然看似简单，但却能惟妙惟肖地表现各种事物的形态。而曹雪芹制作的风筝放飞在天上的美感，直如把青天作纸的书画，琳琅满目；又像把云当水，鱼蟹在碧波中穿游。更有风筝上配的响器，像是天外传来美妙的钲鼓丝竹之声；能载物的风筝，从空中抛下的彩屑像花雨一样飘洒，风筝上背负的灯笼也在空中闪着红光。曹雪芹运用智慧和工巧创造出的技艺，简直出神入化。

给人钱财，只能解一时的燃眉之急；而教人技艺，可以养活其人数口之家。

董序虽然不长，但写得准确、精到，特别是最后关于济人以财还是济人以艺的看法，在当时社会环境下，如清廷恩养政策使得八旗人丁除打仗外竟然没有任何足以自养的一技之长，"铁杆庄稼老米树"一倒，旗人几乎立刻面临生存绝境等现状，具有深刻的现实意义。

三、辅之弼之，如葆赤子

曹雪芹《南鹞北鸢考工志》自序：

“玩物丧志”，先哲斯语，非仅警世之意也。夫人为物欲所弊，大则失其操守，小则丧其廉耻，岂有志进取之士所屑为者哉。风筝于玩物中微且贱矣，比之书画无其雅，方之器物无其用，业此者岁闲太半，人皆鄙之。今乃哓喋不休，钩画不厌，以述斯篇者，实深有所触使然也。

囊岁年关将届，腊鼓频催，故人于景廉**字叔度，江宁人，从征伤足旅居京师，家口繁多生计艰难，鬻画为业**，迂道来访。立谈之间，泫然涕下。自称“家中不举炊者三日矣。值此严冬，告贷无门。小儿女辈，牵衣绕膝，啼饥号寒，直令人求死不得者矣”。闻之怆恻于怀，相对哽咽者有间。

噫！斯时，余之困惫也久矣。虽倾囊以助，何异杯水车薪，无补于事，势须另行筹借。因挽使留居稍待，以期转假他处，济其眉急。夜间偶话京城近况，于称：“某邸公子购风筝，一掷数十金，不靳其值。似此可活我家数月矣。”言下慨然。适余身边竹纸皆备，戏为之扎风筝数事，复称贷两日，摒挡所有，仅获十金，遗其一并携去。

是岁除夕，老于冒雪而来，鸭酒鲜蔬，满载驴背。喜极而告曰：“不想三五风筝，竟获重酬，所得当共享之，可以过一肥年矣。”方其初来告急之际，正愁无力以助，其间奔走营谋，亦殊失望，愧助无功。不想风筝竟能解其急耶？爰思古之世，鳏寡孤独废疾者皆有养也。今者如老于其人，一旦伤足，不能自活，其不转乎沟壑也几希。

其风筝之为业，真足以养家乎？数年来，老于业此已有微名矣**识者皆昵呼之以于瘸子**。岁时所得，亦足赡家。因伊时时促余为之谱定新样，感此实触我怆怀。于是援笔述此《南鹞北鸢考工志》。意将旁搜远绍，以集前人之成。实欲举一反三，而启后学之思。乃详察起放之理，细究扎糊之法，胪列分类之旨，缕陈彩绘之要，汇集成篇。斯以为今世之有废疾而无告者，谋其有以自养之道也。

时丁丑清明前三日　芹圃曹霑识。

四、同心之言，其臭如兰

据敦敏《瓶湖懋斋记盛》，乾隆二十三年（戊寅）腊月廿四，在敦敏位于宣武门内太平湖畔的寓所懋斋举办了一次盛会，参加者有曹雪芹、董邦达、敦敏、于叔度（于景廉）、过子和、钮公（名、字不详）、惠哥（名惠敏）等人。会上除鉴定了钮公自南方带回来的两幅画外，还欣赏了曹雪芹创作的风筝及其放飞绝技，同时还品尝了曹雪芹的烹饪手艺。此次会后，董邦达为曹雪芹的《南鹞北鸢考工志》写了一篇序文，敦敏写了一篇《瓶湖懋斋记盛》。董邦达高度评价了曹雪芹写作《南鹞北鸢考工志》的宗旨。敦敏撰写的《瓶湖懋斋记盛》则详细记载了这次盛会的经过，除记下了鉴定古画之事、雪芹出色的烹饪技艺外，也详细记录了观赏曹雪芹放飞风筝的精彩场面，为后人留下了生动丰富的曹雪芹最后十年创作活动的具体资料。

敦敏有一首题为《芹圃曹君霑别来已一载余矣，偶过明君琳养石轩，隔院闻高谈声，疑是曹君，急就相访，惊喜意外。因呼酒话旧事，感成长句》的诗作。诗题有"别来已一载余矣"字样，诗中有"年来聚散感浮云"句；张宜泉《怀曹芹溪》诗也有"似历三秋阔，同君一别时。怀人空有梦，见面尚无期"句，说明曹雪芹在乾隆二十四年确有一年多时间不在北京。据一些学者考证，曹雪芹南下了，经瓜州、镇江，回到了南京。对于曹雪芹回南京的确切时间，目前还有不同看法，有人认为是在己卯秋①，有人认为是在己卯冬②。我认为：曹雪芹南下的时间应在乾隆二十四年（己卯）正月初五之后。因董邦达为《南鹞北鸢考工志》写的序言落款时间为己卯正月。按照常理，一般会在过完正月初五朋友间才开始走动，而曹雪芹应该是在拿到董邦达写的序言、拿回《南鹞北鸢考工志》原稿之后③才离开北京的，这也是人情之常。因而曹雪芹离开北京的时间最早应在乾隆二十四年（己卯）正月初五之后。而回到北京的时间，按照曹雪芹书箱提供的资料，应该是在乾隆二十五年（庚辰）三月初三上巳节之前。上巳节是中国传统习俗举行婚礼的节日，书箱是朋友为祝贺曹雪芹续婚的贺礼，箱面题诗："并蒂花呈瑞，同心友谊真。一拳顽石下，时得露华新。"落款为："乾隆二十五年岁在庚辰上巳"。"同心友谊真"，典出《易•系辞上》："二人同心，其利断金。同心之言，其臭如兰。"芳卿的卿字是爱称，她的名字据说叫顾芷芳。芷，香草，"岸芷汀兰"。既然曹雪芹在乾隆二十五年上巳节已回到北京并与芳卿举行了婚礼，那么他回到北京的时间最晚也应在二月中下旬。至于敦敏何时见到曹雪芹并写下上述那首诗，我认为其时间在曹雪芹回到北京不久。明琳、敦敏、敦诚等都是雪芹的挚友，雪芹回京后与朋友们尽快见面也在情理之中。即便稍晚，这个时间也符合"别来一载余矣"的记载。

曹雪芹南下的原因当然很多，比如对他从小出生长大之地苏州、南京的怀念；对抄家之后离散的亲朋故友的牵挂；为继续写作《废艺斋集稿》搜集资料等。但促使曹雪芹这样匆匆离开的一个重要原因，我以为是避苑召。仔细阅读董邦达写的序言，可以看出，董邦达对曹雪芹的才华、人品、情操等等，是极为推崇而敬服的。乾隆二十四年，董邦达时任内阁大学士、礼部尚书，官阶一品。董邦达擅画，深得乾隆帝的赏

---

① 周汝昌，《红楼梦新证》，人民文学出版社，1976年，第728页。
② 崔川荣，《曹雪芹最后十年考》，黑龙江教育出版社，2003年，第275页。
③ 根据董邦达为《南鹞北鸢考工志》写的序言，我认为董邦达是认真阅读过《南鹞北鸢考工志》原稿的。时间应在乾隆二十三年腊月二十四日后到二十四年正月。

识，经常为乾隆作画，留下的画作很多。以董邦达其时的身份地位，当然不可能如某些人所说是画院或如意馆的画画人并在该处领钱粮。董邦达虽然在画院和如意馆不担任职务，但却担任着向皇帝推荐人才以充任画院或如意馆画家的责任。乾隆二十三年末的懋斋盛会后，董邦达对曹雪芹的才华人品称赞不已，评价极高，因而向皇帝推荐曹雪芹进画院应该是很自然的事情。张宜泉"羹调未羡青莲宠，苑召难忘立本羞"句应该是实有其事的。但以曹雪芹的思想品格和经历，对皇权独裁者的决绝态度，以及对家族百年历史大起大落悲剧的耳闻目睹，对祖父辈、亲朋故友辈遭际的切身感受，他是绝不可能再为皇家当奴才，去奉赴什么苑召的。但董邦达是好意，他不能正面拒绝。因而他只能远离京师，让这个"苑召"无果而终。

曹雪芹这次的南方之行很多具体情况因缺乏材料已经不可追寻，但还是有一些零星的宝贵记载为我们提供了可资考证的余地。如敦敏"秦淮旧梦人犹在"句，正可与书箱箱面"并蒂花呈瑞，同心友谊真"诗句互相印证。曹雪芹这次南下，竟然意外地找到了他的"秦淮旧梦"中人，并把她带回北京与她结了婚。

曹雪芹的续婚妻子芳卿与曹雪芹不仅是恩爱夫妻，更是他的志同道合的合作者。婚后两人协力同心，共同致力于《废艺斋集稿》的创作。

书箱箱面刻绘有并蒂兰花，书箱内面有曹雪芹亲笔书写的五行书目：

为芳卿编织纹样所拟诀语稿本

为芳卿所绘彩图稿本

芳卿自绘编锦纹样草图稿本之一

芳卿自绘编锦纹样草图稿本之二

芳卿自绘织锦纹样草图稿本

曹雪芹手书"五行书目"和书箱箱面题刻的五言诗："并蒂花呈瑞，同心友谊真。一拳顽石下，时得露华新。"落款："拙笔写兰 乾隆

图7-1 曹雪芹手书"五行书目"

二十五年岁在庚辰上巳"。那么，以乾隆二十五年曹雪芹与芳卿结婚为时间坐标，根据已知材料，推测一下《废艺斋集稿》创作的时间表：

1. 芳卿在乾隆二十五年三月与曹雪芹结婚后，参与了《废艺斋集稿》的创作，因而《废艺斋集稿》的创作在乾隆二十五年三月之后仍然在继续。

2. 纺织和编织这两卷的创作中，芳卿做的是：绘制编锦纹样的草图，稿本有之一、之二两本；绘制织锦纹样草图，稿本为一本。

3. 曹雪芹为芳卿编织纹样拟写了诀语稿本。

4. 曹雪芹为芳卿绘制了一本彩图稿本。吴恩裕认为，芳卿自绘的是纺织和编织纹样的草图稿本；曹雪芹在芳卿自绘的草图或白图基础上绘成彩图[①]。

5. 乾隆二十五年之后继续创作的卷帙，有泥塑这一册。根据《此中人语·释塑章》，曹雪芹对泥人德第四次和第七次为自己所塑的泥塑像，都有评批。第七次评批有"辛巳孟夏七塑"款[②]。传世泥人德所绘"曹雪芹小像"底座有"辛巳年制"字样。辛巳是乾隆二十六年，则泥塑这一册的创作乾隆二十六年还在进行。

6. 《岫里湖中琐艺》这一册是讲园林的，举了九九八十一个例子，且每例都有图，可以想见工作量很大。据孔祥泽回忆，1943年抄摹时，关广志等对这一册评价甚高，认为集中体现了中国传统文化的精华。而据《瓶湖懋斋记盛》，乾隆二十三年的大部分时间，曹雪芹在北京城里与于叔度一起制作新的风筝，则园林这一册的创作应该在乾隆二十三年之后。

7. 乾隆二十五年之前，《废艺斋集稿》已经完成的部分，现在比较确切地知道的是《南鹞北鸢考工志》。该册的曹雪芹自序落款有"时丁丑清明前三日 芹圃曹霑识"字样。

8. 乾隆二十五年之前，《废艺斋集稿》可能已有一部分稿子的卷册：

---

① 吴恩裕，《曹雪芹佚著浅探》，天津人民出版社，1979年，第26页。
② 见本书第三章《泥塑 园林》一节。

《蔽芾馆鉴印章金石集》这一册应该是有一定家学基础的，可能之前就有一些书稿。

《斯园膏脂摘录》这一册曹雪芹名其为"摘录"，有集前人之成的意思。书稿一定程度上应该有所本，如曹寅的《居常饮馔录》等。

9.《废艺斋集稿》八册，除《南鹞北鸢考工志》完成于乾隆二十二年，其他册的创作也可以是交叉进行的。但在曹雪芹去世之前，全部完稿了[①]。

10. 曹雪芹从乾隆二十年左右与于叔度一起从事风筝创作之后，于叔度出售风筝的收入肯定是与曹雪芹共享的。这应该是乾隆二十年之后，曹雪芹生活来源的一部分。风筝的收入虽不固定，所谓"业此者岁闲太半"，但属于"半年不开张，开张吃半年"的。根据《瓶湖懋斋记盛》，乾隆二十三年腊月二十一日敦敏在菜市口偶遇曹雪芹后，三人在于叔度家中小酌，敦敏见于叔度将曹雪芹制作的一些非常精美的人物风筝秘藏而不轻易示人，可推知当时于叔度收入可维持生活。如《南鹞北鸢考工志》曹雪芹自序所言："岁时所得，亦足赡家。"则曹雪芹在乾隆二十年以后的生活来源应不致太差，这应该是他能专心于《废艺斋集稿》创作的保证之一。当然在乾隆二十五年之后，还有芳卿对曹雪芹生活上的关心照顾，事业上的同心协力。正因为有以上两方面保证，在曹雪芹在世期间，《废艺斋集稿》终获完璧。

[①] 孔祥泽，《〈废艺斋集稿〉追记前言》，见胡德平，《说不尽的红楼梦——曹雪芹在香山》，中华书局，2004年，第85页。

曹雪芹《废艺斋集稿》写作系年（简表）

乾隆十九年甲戌(1754)

三月

乾隆谕旨，令京城及京外各省的汉军八旗出旗为民。谕旨称："八旗奴仆受国家之恩，百有余年，迩来生齿甚繁，不得不为酌量办理。是以经朕降旨，将京城八旗汉军人等，听其散处，愿为民者准其为民，现今遵照办理。至各省驻防汉军人等，并未办及，亦应照此办理，令其各得生计。"乾隆七年、十二年已两次下旨令汉军旗人员自愿出旗甚至出京。

腊月

隶属汉军八旗的于景廉很可能由于本年的汉军旗出旗事件，在生计无着濒临绝境的情况下，找到了当时住在西山的曹雪芹。于景廉，字叔度，江宁人，从军伤足，鬻画为生。曹雪芹从闲谈中得知京城某邸公子购风筝，一掷数十金而不靳其值。遂试为于景廉扎糊了几只风筝，并凑了些银两，使其一并携去。

除夕前

于景廉冒雪来到曹雪芹住处，鸭酒鲜蔬，满载驴背，称数事风筝，竟获重酬，所得当共享之。

乾隆二十年乙亥(1755)

曹雪芹受风筝竟可为业之事启发，致力于创作风筝谱。

据北京西山父老口传，曹雪芹的发妻此年因难产去世，生下一个儿子，小名小宝①，一说为方儿②。

乾隆二十一年丙子(1756)

庚辰本第五十七回脂批："乾隆二十一年五月初七日对清。缺中秋诗，俟雪芹。"可知此年至五月，曹雪芹没有致力于《红楼梦》的继续写作，应因全力集中于风筝谱的创作。

乾隆二十二年丁丑(1757)

二月

敦诚在喜峰口管理松亭关税务。敦敏《敬亭小传》："丁丑二月，随先大人司榷山海，住喜峰口，有《松亭纪游》一卷。"

清明前三日

曹雪芹完成《南鹞北鸢考工志》的创作，并为此册写了序，落款为"时在丁丑清明前三日　芹圃曹霑识"。如从乾隆十九年腊月底或乾隆二十年初算起，至乾隆二十二年清明完成《南鹞北鸢考工志》全书，历时两年多一点。《南鹞北鸢考工志》内容非常丰富，歌诀（画诀与扎糊诀）共六十余首③，图谱数十帧。笔者判断《南鹞北鸢考工志》在乾隆二十二年清明前三日已经全部完成：一是乾隆二十三年戊寅腊月二十四日瓶湖懋斋盛会后，董邦达于己卯正月为《南鹞北鸢考工志》写的序言，第二段和第三段概括了《南鹞北鸢考工志》的学术意义和技术成就，第四段是对《南鹞北鸢考工志》的重要社会意义的评价。可知董邦达看到的《南鹞北鸢考工志》应该是书的全貌，是已经定稿的成书。一是因为雪芹自序最后一段谈到《南鹞北鸢考工志》已经"汇集成篇"。

---

① 李强，《曹雪芹在白家疃》，中国作家出版社，2011年，第39页。
② 李铁成主编，《曹雪芹西山传说》，中华书局，2009年，第217页。
③ 孔祥泽，《曹雪芹风筝艺术》，北京工艺美术出版社，2004年，第11页。

本年

敦诚有《寄怀曹雪芹（霑）》诗："少陵昔赠曹将军，曾曰魏武之子孙。君又无乃将军后，于今环堵蓬蒿屯。扬州旧梦久已觉（雪芹曾随其先祖织造之任），且著临邛犊鼻裈。爱君诗笔有奇气，直追昌谷破篱樊。当时虎门数晨夕，西窗剪烛风雨昏。接篱倒着容君傲，高谈雄辩虱手扪。感时思君不相见，蓟门落日松亭樽（时余在喜峰口）。劝君莫弹食客铗，劝君莫扣富儿门。残杯冷炙有德色，不如著书黄叶村。"可知雪芹于乾隆二十二年时尚住北京西山黄叶村。黄叶村即今香山正白旗旗营一带①。

乾隆二十三年戊寅(1758)

正月

敦敏至喜峰口，与敦诚扶榇自榆关返京葬母②。

春

曹雪芹徙居白家疃。《瓶湖懋斋记盛》："春间芹圃曾过舍以告，将徙居白家疃。值余赴通州迓过公，未能相遇。"

曹雪芹于乾隆二十二年清明写的《南鹞北鸢考工志》自序落款自称"芹圃"，其自号"芹溪"应是在乾隆二十三年迁徙白家疃之后。张宜泉《春柳堂诗稿》有关曹雪芹的四首诗作，除《和曹雪芹"西郊信步栖废寺"原韵》中称"曹雪芹"外，其他三首《怀曹芹溪》《题芹溪居士》《伤芹溪居士》，均称曹雪芹为"芹溪"，则张宜泉与雪芹相识及交往，似应在乾隆二十三年雪芹徙居白家疃之后。另张宜泉《春柳堂诗稿·怀曹芹溪》诗的前一首《晴溪访友》，笔者认为也与张宜泉与雪芹的交往有关，虽然此诗没有提雪芹的名字，但诗中所记环境及称谓、用语与雪芹似都有关联。第一句"欲寻高士去，一径隔溪幽"，与敦敏

---

① 胡德平，《说不尽的红楼梦——曹雪芹在香山》，中华书局，2004年，第48页。
② 沈治钧，《红楼梦成书研究》，中国书店，2004年，第552页。

《瓶湖懋斋记盛》中的"小溪阻路"所述一致，以"高士"称谓雪芹也非夸张。颈联"携琴情得得，载酒兴悠悠"的遣词立意与《红楼梦》中"蜡屐远来情得得，冷吟不尽兴悠悠"亦有相通之处，其诗是否受到《红楼梦》的影响而有意为之，可资想象。

曹雪芹在白家疃的住处旁有小溪，除敦敏《瓶湖懋斋记盛》的记载外，更有近几十年来吴恩裕、胡德平、严宽、李强等人的田野调查为证，其地之小石桥现已无存。雪芹取住地景物，自号"芹溪"，也在情理之中。另"芹溪"之号，似只在西山朋友圈内使用，曹雪芹书箱上落款为"拙笔"的题写篆刻人，称雪芹为"芹溪处士"；而敦敏、敦诚甚至董邦达称雪芹为"曹子""曹子雪芹""曹雪芹""芹圃""曹霑"等。

曹雪芹为什么徙居白家疃？我认为应与雪芹《废艺斋集稿》的创作活动联系起来看。正白旗是旗营，有营规限制，《总管内务府则例·奉宸院·静宜园》："二十一年六月，总管内务府奏准，嗣后各该处园户，俱给予火印腰牌，其应该出入之门禁立一对牌，仍令按门每日或派总领、副总领一员，查验腰牌，详对年貌。并令该门值班、护军参领、护军校、护军等严行盘诘查验，交该处首领太监带进当差。"乾隆二十一年六月起，包括正白旗在内的静宜园（香山）护军营对进出旗营人员严格盘查，需要查验火印腰牌，并每日安排多名官员人等值班，这肯定会给雪芹的活动带来极大不便。雪芹本来是鹤立鸡群式的人物，其为人处世也率性而为，这一点从西山有关曹雪芹的口述史中也能得到印证。如果说他的《红楼梦》写作活动和他的个性在旗营中已经显得很另类，则他写作风筝谱、扎制风筝这样的活动就必定更加惹人注意。况风筝实物形体较大，不会不为人所见；而雪芹在正白旗营房内的住所不可能很宽敞。风筝歌诀达六十余首，每种都应该是经过反复研制，才能达到制谱的要求，则其实物至少也应有几十种。因此，雪芹徙居白家疃就在情理之中了。白家疃是怡贤亲王祠所在地，周围是祭地，不是军营，人烟稀少，行动自由，既可避人耳目，更可解决风筝实物的摆放场地问题。雪芹在白家疃的居处盖在河滩上，地处空旷，张宜泉"寂寞西郊人到罕"，旗营里肯定不会是人迹罕至和寂寞的，事实上是相当热闹和活跃的[①]；"庐结西郊别样幽"，显然其庐为新近结成而非旧居，该地清幽静僻。张宜泉此诗也可证明，曹雪芹当时确实已经徙居白家疃。

虽然乾隆二十二年《南鹞北鸢考工志》已经完成，但乾隆二十三年雪芹还在继续风筝谱的创作，可能还与《废艺斋集稿》其他一些册的写作交叉进行。敦敏在乾隆二十三年两次访雪芹不值，据《瓶湖懋斋记盛》，是其被朋友邀请去帮忙，可知雪芹这一年并未常住白家疃。《瓶湖懋斋记盛》载，于叔度的朋友去了南方，将一个位于菜市口的裱糊铺托付给于叔度照顾，这样就可与于叔度一起创制风筝，较雪芹在白家疃方便了许多。所以这一年雪芹多半住在城内其"家叔所寓寺庙"，即宣南千佛寺，离菜市口不远，往来方便。

乾隆二十三年夏，敦敏卸任山海关职务，回到北京。《东皋集》："戊寅夏，自山海归。"

夏秋间

敦敏两次访曹雪芹不遇，有《访曹雪芹不值》诗。

乾隆二十三年腊月二十一日，敦敏与雪芹在菜市口巧遇，一起在于叔度的铺面小酌，并订好二十四日在敦敏的懋斋寓所聚会。

乾隆二十三年腊月二十四日，曹雪芹、董邦达、敦敏、钮公、过子和、于叔度、敦敏之堂弟名惠哥等人在懋斋聚会，鉴定古画，观赏风筝及雪芹的放飞绝技，品尝雪芹的烹饪技艺，十分尽兴。

乾隆二十四年己卯(1759)

正月

董邦达为曹雪芹的高行义举所感，为《南鹞北鸢考工志》写了一篇序言，落款为"己卯正月 孚存董邦达序"。敦敏应董邦达之命，写了

---

① 金启孮，《北京的满族》，中华书局，2009年，第3页。

《瓶湖懋斋记盛》。

张宜泉《题芹溪居士》：

"爱将笔墨逞风流，庐结西郊别样幽。门外山川供绘画，堂前花鸟入吟讴。羹调未羡青莲宠，苑召难忘立本羞。借问古来谁得似，野心应被白云留。"从董序对雪芹的高度评价及张宜泉此诗全部内容都围绕拒"苑召"展开来看，"苑召"应为实有其事，并非泛泛溢美。则张宜泉此诗的写作时间应在乾隆二十四年初。

曹雪芹与张宜泉、敦敏等朋友告别，启程南下。

正月或二月

曹雪芹从北京回江宁途中，取道扬州、镇江。行至瓜州，天气突变，封江停航。雪芹被阻北岸，滞留于瓜州镇上。瓜州大姓沈家祖上与雪芹祖上曾有交谊[①]，延雪芹至家中，待为上宾，热情款待，宾主相得，雪芹遂留居一月有余，后渡江去江宁。行前，雪芹感主人盛情，遂作《天官图》一幅酬谢[②]。

三月

渡江，回到江宁。

此年，张宜泉有《怀曹芹溪》诗：

"似历三秋阔，同君一别时。怀人空有梦，见面尚无期。扫径张筵久，封书界雁迟。何当常聚会，促膝话新诗。"

冬月，脂砚斋第四次评阅的《石头记》定本己卯本，第四册首页题名下有"己卯冬月定本"之题记，故现称"己卯本"。己卯本每回回目前都有"脂砚斋重评石头记"字样。

---

① 李铁成主编，《曹雪芹西山传说》，中华书局，2009年，第217页。
② 吴恩裕，《曹雪芹佚著浅探》，天津人民出版社，1979，第189页。"秋霖连绵，封江停航"之说似不确，秋霖连绵应不至于封江停航一月有余，因而还是"风雪冰冻封江停航"之说较为合理。

冬月，怡亲王府由弘晓组织开始抄录己卯本。

乾隆二十五年庚辰(1760)

二月中下旬

曹雪芹携芳卿回到北京。

三月三日上巳节

曹雪芹与续妻芳卿完婚。曹雪芹书箱有"题芹溪处士　并蒂花呈瑞，同心友谊真。一拳顽石下，时得露华新　岁在乾隆二十五年庚辰上巳　拙笔写兰""清香沁诗脾，花国第一芳"等字样，又刻有并蒂兰花及一拳石。此首五言诗应该是雪芹的诗作，题刻人是雪芹的朋友号拙笔者，即雪芹在西山的朋友鄂比。

婚后，曹雪芹进城与朋友相会，在明琳养石轩巧遇敦敏。敦敏《芹圃曹君霑别来已一载余矣偶过明君琳养石轩，隔院闻高谈声，疑是曹君，急就相访，惊喜意外，因呼酒话旧事，感成长句》："可知野鹤在鸡群，隔院惊呼意倍殷。雅识我惭褚太傅，高谈君是孟参军。秦淮旧梦人犹在，燕市悲歌酒易醺。忽漫相逢频把袂，年来聚散感浮云。""秦淮旧梦人犹在"指敦敏从雪芹口中得知他找到了秦淮旧梦中人，并把她带回了北京。可知雪芹是先回到西郊住处才到城内与朋友见面的。这样，雪芹与敦敏于明琳养石轩相遇、敦敏此诗的写作时间当在"乾隆二十五年庚辰上巳"雪芹完婚之后。"年来聚散感浮云"：从乾隆二十四年正月至乾隆二十五年三月后某日，已是一年有余。

本年

庚辰本存二十四条批语标"己卯冬"或"己卯冬月[①]。"可知庚辰本是以己卯本为底本的抄本。

---

① 沈治钧，《红楼梦成书研究》，中国书店，2004年，第553页。

曹雪芹与芳卿协力同心，继续《废艺斋集稿》的写作。书箱内面曹雪芹手书之五行书目：

为芳卿编织纹样所拟诀语稿本

为芳卿所绘彩图稿本

芳卿自绘编锦纹样草图稿本之一

芳卿自绘编锦纹样草图稿本之二

芳卿自绘织锦纹样草图稿本

可知芳卿与雪芹婚后参与了《废艺斋集稿》有关纺织和编织内容的写作。

乾隆二十六年辛巳(1761)

孟夏

此年关德荣(泥人德)为曹雪芹塑了七次泥塑像，传世曹雪芹塑像有"辛巳年制"字样；雪芹有对关德荣泥塑技艺的评批及"辛巳年孟夏七塑"字样，见《此中人语·释塑章》。曹雪芹继续《废艺斋集稿》的写作。

乾隆二十七年壬午(1762)

畸笏叟评阅《石头记》。甲戌本与庚辰本存四十四条批语，标"壬午春"、"壬午夏雨窗"、"壬午九月"、"壬午重阳日"等。

秋

敦诚晓遇曹雪芹于敦敏之槐园，作《佩刀质酒歌》："秋晓遇雪芹于槐园，风雨淋涔，朝寒袭袂。时主人未出，雪芹酒渴如狂，余因解佩刀沽酒而饮之。雪芹欢甚，作长歌以谢余。余亦作此答之：

"我闻贺鉴湖，不惜金龟掷酒垆。又闻阮遥集，直卸金貂作鲸吸。嗟余本非二子狂，腰间更无黄金珰。秋气酿寒风雨恶，满园榆柳飞苍黄。主人未出童子睡，挈干瓮涩何可当。相逢况是淳于辈，一石差可温枯肠。身外长物亦何有，鸾刀昨夜磨秋霜。且酤满眼作软饱，谁遐齐鬲分低昂。元忠两褥何妨质，孙济缊袍须先偿。我今此刀空作佩，岂是吕虔遗王祥。欲耕不能买健犊，杀贼何能临边疆。未若一斗复一斗，令此肝肺生角芒。曹子大笑称快哉！击石作歌声琅琅。知君诗胆昔如铁，堪与刀颖交寒光。我有古剑尚在匣，一条秋水苍波凉。君才抑塞倘欲拔，不妨斫地歌王郎。"

乾隆二十八年癸未(1763)

春

敦诚三十岁生日，敦敏以诗代简，约请雪芹来吃酒，敦敏《小诗代简寄雪芹》："东风吹杏雨，又早落花辰。好枉故人驾，来看小院春。诗才忆曹植，酒盏愧陈遵。上巳前三日，相劳醉碧茵。"但雪芹似未到访。

中秋

曹雪芹爱子染"白口糊"病去世。雪芹大痛，日日在其子坟上哭泣。

除夕

曹雪芹去世，死于酒，时在癸未除夕，公元1764年2月1日。

乾隆二十九年甲申(1764)

芳卿悼亡诗：

"不怨糟糠怨杜康，乩诼玄羊重尅伤。睹物思情理陈箧，停君待殓鬻嫁裳。织锦意深睼苏女，续书才浅愧班娘。谁识戏语终成谶，窀穸何处葬刘郎。"

敦敏《挽曹雪芹》两首：

"四十萧然太瘦生，晓风昨日拂铭旌。肠回故垄孤儿泣，泪进荒天寡妇声。牛鬼遗文悲李贺，鹿车荷锸葬刘伶。故人欲有生刍吊，何处招魂赋楚蘅。"

"开箧犹存冰雪文，故交零落散如云。三年下第曾怜我，一病无医竟负君。邺下才人应有恨，山阳残笛不堪闻。他时瘦马西州路，衰草寒烟对落曛。"

张宜泉《伤芹溪居士　其人素性放达好饮，又善诗画，年未五旬而卒》："谢草池边晓露香，怀人不见泪成行。北风图冷魂难返，白雪歌残梦正长。琴裹坏囊声漠漠，剑横破匣影铓铓。多情再问藏修地，翠叠空山晚照凉。"藏修地，有注家引《礼记·学记》："君子之于学也，藏焉，修焉"及郑玄注："藏谓怀抱之，修，习也。"本人认为此解不确，且与雪芹生平为人不符。雪芹在西山并不是为了单纯做学问，藏而修之。此字应念"藏"音。卧佛寺唐为兜率寺，元为寿安山寺，明为寿安禅寺、永安寺，清雍正十二年重修后，称"十方普觉寺"。门前有琉璃牌坊，两面有"同参密藏""十方普觉"匾额，为清初乾隆手书。密藏即密宗，"同参密藏"的意思是共同参修密宗经义，与"十方普觉"之释义呼应。因此，"藏修地"应指十方普觉寺，即今卧佛寺及地藏沟一带，雪芹身后即埋葬在这里。据香山一带民间口传，雪芹就埋葬在地藏沟旗人义地，与先他去世的妻子和儿子埋葬在一起[1]。

---

[1] 李铁成主编，《曹雪芹西山传说》，中华书局，2009年，第221、225页。

附录：

一、《废艺斋集稿》追记前言[①]

孔祥泽

　　《废艺斋集稿》这部曹雪芹先生于《石头记》(《红楼梦》)一书外另一部遗作流失于海外这件事，每一谈及就不禁使人耿耿于怀，尤其是听到日本方面曾报道松枝茂夫先生访问过我的先业师高见嘉十先生的消息。在谈到当年高见老师亲手指正过我把曹氏手稿中的塑形和脱胎工艺做走了原样的情景，使我回想起他那严肃认真对我教诲的音容，手把手地指点我怎样理解曹著中与人迥异的工艺程序上的关窍，和他特有的艺术表现方法。老师对我谆谆教诲口传心授的情形，闭上眼一想就觉得他的身影恍如当年在自己身旁一样。现在听到他已逝世的消息，又怎能不倍觉伤痛呢！回想昔年在他的主持下曾挽请赵雨山、关广志、金钟年、杨啸谷、金福忠几位老师合作，把集稿中的第二卷《南鹞北鸢考工志》和其他几卷部分内容抄录、摹下来进行复制。我在当时只不过是跟随几位老师打打下手，当个小学徒而已。今天除去金福忠老师一人尚存人间外，各位老师都已相继谢世。金老年逾九旬，又且病危无医，旦夕难保。从追记这部曹氏佚著来说，在我那就未免太不知自量了。但是，作为亲自参与过复制工作的人，目前只剩金老和我了。我们是目击当事的见证者。从追记的意义上来说，则又是义不容辞的。日方报道中高见先师的回忆，虽然证实了当年日商买走《废艺斋集稿》这一事实，但是迄今还没有找到那位金田氏，集稿仍无下落。这就更加重了追记这部曹氏佚著的责任了。

[①] 胡德平，《说不尽的红楼梦——曹雪芹在香山》，中华书局，2004年，第85页。

　　1968年先业师赵雨山先生临终前拉着我，反复叮嘱千万把他未完成的追记《废艺斋集稿》的工作坚持下去，不要使曹氏这部遗著终遭湮没。若干年来我在雨山先生的遗言鞭策下不敢宁处，向各方面的友好搜求散存的有关资料，着手整理这些断笺残篇，也复制了部分实物。限于客观情况，工作无法进展，没有什么成绩可谈，又怎能不歉疚于怀呢？1973年吴恩裕教授在《文物》杂志上发表《曹雪芹的佚著和传记材料的发现》一文，意在向各方面呼吁，使大家知道对曹氏佚著和其他与曹氏有关的文物流于海外一事的重视。并希望通过两国人民之间的友好关系，敦促那部佚著的收藏者把它公之于世。嗣后听说日方的友好人士为此事曾作了不少努力，但迄今尚无确切下落。正因为处于这种情况下，各方面关心曹氏佚著的友好们都责成我把赵雨山老师生前未完成的追记工作继续下去。我自知能力有限，资料又迭经散失，追记工作困难重重。为了加强回忆，所以我把这次整理前追忆的过程循序记述一下，以期便于巡检疏漏，更将借以别主次，按原著系统地加以整理，这也就是我所能尽到的努力了。对于曹氏佚著和他的字画，虽然我接触的年代比较早，可是回忆起幼年时期的印象，已然不深。但是有一件事还能引起较为清楚的回忆。记得我还在韶龀之年（1927年，丁卯），先外祖拿来一个锦袱，里面包了一些字画，说是某阿哥从另个王府借到的，就和先慈挑选出好几幅画来，共同临摹了三天才完工，匆匆送了回去。听说物主已请人将画者原名易去，改成名家之作，就要卖给海外收藏家了。其中有图一幅，画了一双墨蝶翩跹花际，栩栩如生，先慈爱不释手，反复临摹，自己认为终不能似，引以为憾。事后，听我外祖说那幅画是《红楼梦》作者画的，物主已把它卖给外国商人了。1938年（戊寅）先外祖整理我母亲的遗稿时，又把那次所摹墨蝶图重新装裱，并把芹圃先生原作不可追拟之处着重加以说明，跋于画端。

　　1943年，我从高见嘉十先生学雕塑，春节时侍先生游厂甸画棚。归途时他看到许多处墙壁间罗列着各种式样的风筝，极口称赞，就到夙具盛名的风筝哈记订购了很多种风筝。事后他要我协助写一研究性文字，我们曾为此去过图书馆查询这方面的资料，但未能找到。同年的几个月后我接到高见老师的信，说已见到一册专讲风筝的书，嘱令速来一阅。等我赶回，见老师已叫该书的主人同来。见面时我记得老师介绍说是金田先生。当我们披读其书后，就感觉这卷书的内容不仅文字新奇，而且彩绘更为精妙，其所画蛱蝶确异乎寻常，看来好像曾在哪里见过似的。嗣后又经关广志老师详读了董邦达给这卷书写的序文，才知道是曹雪芹先生的著作，老师们都共为叹服。经高见老师向书主要求借阅了全书后，方知雪芹先生这部被逊清礼王府藏了百余年的遗著为《废艺斋集稿》。全书共分八卷，每卷各讲一种为那些残疾而又无告的人用以谋生的手艺。由于书主过于珍视这部书，不肯令人翻看借阅，更不允许拍照（估计是防人影印），若不是他想请这些名家鉴定的话，就连走马看花地通阅一次也是不可能的。当我们借阅其中专讲制扇内容那卷时，在绘扇部分内见到了雪芹先生所绘的墨蝶图，这和曩年先慈所摹样本一点不差。国画界名宿金钟年老师看完后，说雪芹先生这幅画已跳出旧法之境，和郎世宁以西法中的途径有异曲同工之妙。关广志老师早岁留学于英，娴熟西法要领，也说雪芹先生作画乃冶中西之法于一炉。如果不是精通两者之长，是不能临摹到他那种高深境界的。在几位老师的要求和敦促下，高见老师向书主金田先生借到其中第二卷《南鹞北鸢考工志》这册专讲扎制风筝的书，嘱令抄录其中章节文字，并钩描墨迹，摹绘图样。

可惜所借时间太短，不满一个月书主就回日本去了，雪芹先生的这部手稿即被携往日本去了。集稿八卷仅获匆匆一阅，未能窥得全豹，追忆当年只曾借抄过其中第一卷《蔽芾馆鉴印章金石集》里的部分序文和讲印纽、款文、花篆法等片段资料，不足原书十分之一。第二卷《南鹞北鸢考工志》里的序文和讲扎法、架骨、脱胎、薄盔、彩绘、计纸论力、选竹刮削、烤形去性等部分资料，所抄文字不足十分之七，彩图不足十分之六，墨线图不足十分之五。第七卷《岫里湖中琐艺》，这卷专讲园林布置的书，迫于时间竟顾不得抄录。此卷章节文字只临摹下其中彩图几幅。第八卷《斯园膏脂摘录》，这卷讲述烹调技艺的书，杨啸谷老师曾借抄齐全，其中有嘱我代抄的部分。有些因抄重或因谬误脱字被汰弃的草稿也已散失殆尽，十分已不存一。我也把这些不成其为材料的散稿，提供给吴恩裕教授作为他所写的考稗资料之用了。

雪芹先生书画早年尚非难见，听一位专给一些府门头修整古旧字画的白某说过："凡是得到佳画，非出自名家之手的往往改易款识换成名家，像曹雪芹的画，凡较工细的，都把它改成郎世宁的款识，把原款增加字句成为跋识之文。这么一来，不仅可以乱真又能多得厚利。"类此鬼蜮局外人无从得知啊！由于雪芹先生的画很少题自己的本名，他用曹霑、梦阮、芹圃落款，世人不知是谁，也不见重于世，这就是曹画传于今日为什么不多的主要原因。除前面我们曾借抄过的第一、第二、第七、第八这四种技艺的书外，集稿中还有两卷专为盲聋者设想的技艺。一则编织，一则脱胎。盍作、盆景饰物等方法是与有眼人协作，专依歌诀而循其经纬的编序操作起来，这样所拟的纹样就照设计者的意图编结出彩色绚丽、条理不紊的图案来。当年我们读过他所写的诀语，感到言简义明、音韵流畅、通俗易懂、微词隐叶。看他的图式觉得花样清新、色彩鲜明、纹锦奇巧、不落陈套。雪芹先生善于运用前人的成就从而加以推陈出新，把这一方面的技巧转用到别的工艺方面去。我们知道在创造一种新工艺的过程中，需要有极大的坚韧不拔的顽强意志。因为他全心全意为这些无告的废疾者谋求以艺自养，所以他才精研了那么多样的技艺。如果不深读他自己写的序文，是不能理解他为什么有那么大的过人的才华。远在二百多年前，雪芹先生写了那部揭露封建末世伪善腐朽日趋灭亡的《石头记》，同时他又写了《废艺斋集稿》，使这些行将转乎沟壑的无告废疾者不用求人施舍，不必开口告人，用自己的手艺养家活己。这种真挚的感情，凡是读过他的著述的人都不能无动于衷的。这样的著述流失于海外，我们作为这件事的目击见证者，应不应该吁请多方面的友好们协同起来，敦促曹氏文物的收藏者把它公之于世呢？！我想只要不从内心反对曹雪芹生平所努力追求的未来理想境界的人，就不会对曹氏佚著的发掘工作持反对态度的。追记这部佚著的工作困难很多，需要各方面给予大力支持，尤其是当年了解日本收藏者曾借给我们抄录此书及其被携往海外的人，盼能提供线索。像高见嘉十先生那样把当年事实经过谈出来，成为强有力的佐证，这就给我在追忆工作上以最有力的支持了。

时在公元1978年农历岁次戊午清明霈之孔祥泽记于京华寓寓

二、"济世活人"的典范

朱　冰

《废艺斋集稿》是清代作家曹雪芹晚年撰写的一部工艺技术著作，目的在帮助残疾人和穷人"以艺自活"，进而实现"人人有以自养"的小生产者的经济自立和社会平等。它是曹雪芹晚年继《红楼梦》写作之后，对于他的"仙源靡赋役"的理想社会的探索和实践。该书于1943年为日本商人购买并寄回日本，中国目前仅存抄摹残本。

该书第二卷《南鹞北鸢考工志》董邦达序："尝闻教民养生之道，不论大术小术，均传盛德，因其旨在济世也。扶伤救死之行，不论有心无心，悉具阴功，以其志在活人也。"

——《澳洲导报》

2008年9月18日

《废艺斋集稿》抄摹经过及残存抄摹本内容

曹雪芹的佚著《废艺斋集稿》1943年在北京短暂面世，之后就被当时购买了这部书稿的姓金田的日本人寄回了日本国内，从此这部书稿连同这位姓金田的日本商人均再无消息。这是现代中国人第一次知道：曹雪芹除了小说《红楼梦》之外，还有这样一部专门为残疾人撰写、目的在于"以艺活人"的工艺技术著作存在。幸运的是，当时出于研究学习的需要，由时任北平国立艺专教授的高见嘉十氏从金田氏手中将《集稿》借了过来，挽请赵雨山、关广志、金钟年、杨啸谷、金福忠等当时著名教育家、美术家、文物家、工艺家及当时艺专学生孔祥泽等进行鉴定和抄摹，一共抄摹了二十六天，这才部分地将《集稿》的内容保留了下来。

《集稿》全书八册，除其中讲述编织等册的部分字迹是另一个人的外，其余数册是同一个人的笔迹，估计是曹雪芹的亲笔。每册卷首有不少别人写的序，笔迹各不相同，估计是不同作序者的亲笔。另外，各册书端还有不同笔迹的批语。

《集稿》各册讲述的内容分别是：

第一册金石图章，名为《蔽苗馆鉴金石印章集》。内容为如何选料、制钮、冶铸、刻边款、讲章法、讲刀锋、讲技巧等。此外还有彩绘的图式。"蔽苗"为弼废的谐音，意为帮助穷苦而有废疾者。

第二册《南鹞北鸢考工志》，讲风筝的扎、糊、绘、放"四艺"。这一册是全书写作的基础，《集稿》是从《考工志》逐步扩充而来。

第三、四、五、六各册，大致包括以下内容：

编织工艺。这是为盲人编写的，其中有各种图案花纹，按编织程序写成有韵的歌诀，词句有些类似棋谱的术语。文字平易，通俗顺口，好读好记。

脱胎技艺。这也是为盲人编写的，由盲人做成各种脱胎，再由有眼人彩绘而成。

织补和染织。曹雪芹在织补和染织方面的知识，与曹家久任江宁织造、曹雪芹在童年就耳濡目染有关。

竹制品与扇股雕刻及宫灯、彩扎、宫扇的制作。

第七册园林建筑。名为《岫里湖中琐艺》，书中除文字外，还有彩色图录。书中有曹雪芹设计的八十一例园林景观。

第八册饮食，名为《斯园膏脂摘录》。这册中除讲烹调方法，介绍一些菜式制作外，还有一些有关制酱、腌、熏、酵、炙及调料、香料、小食品的制作方法等，内容十分丰富[①]。

对《废艺斋集稿》的初步研究和对其下落的寻找

1963年，由中国政府有关部门发起，开展纪念伟大作家曹雪芹逝世两百周年活动，期间还举办了有关展览。1965年，著名红学家、北京大学吴恩裕教授通过北大图书馆赵雨山的介绍，认识了孔祥泽。赵雨山和孔祥泽将曹雪芹尚著有《废艺斋集稿》一书之事及部分内容告知了吴恩裕。但未及研究，"文革"即来临了。1968年，孔祥泽的业师、也是当年《废艺斋集稿》的抄摹者之一赵雨山病逝。赵雨山临终前，再三叮嘱孔祥泽千万要把他未及完成的追记《废艺斋集稿》的工作坚持下去。"文革"中，孔祥泽及其家人受到迫害。孔祥泽置个人生死于度外，流落他乡，辗转寄藏，将《废艺斋集稿》的抄摹稿保存了下来。1972年，吴恩裕从干校回到北京后，跟孔祥泽取得了联系。至此，孔祥泽陆续将《废艺斋集稿》的一些内容逐步告之吴恩裕。1973年，吴恩裕在《文物》杂志发表《曹雪芹的佚著及其传记材料的发现》一文。该文内容包括：曹雪芹的佚著《废艺斋集稿》；现存曹雪芹、董邦达和敦敏三种材料的原文和校补；曹著董序考略和曹著敦记考略。这以后，《废艺斋集稿》这部曹雪芹专门为残疾人创作和撰写的清代综合性工艺技术和工艺美术巨著才逐步为学术界和读者得知。

吴恩裕在对《废艺斋集稿》作了初步的介绍、研究和评价的同时，也积极通过有关部门与日本学术界取得联系，设法寻找《废艺斋集稿》的下落。1979年，吴恩裕通过日文版《红楼梦》的翻译者伊藤漱平教授致信松枝茂夫教授，询问松枝茂夫教授于1973年访问高见嘉十的经过。

[①] 吴恩裕，《曹雪芹佚著浅探》，天津人民出版社，1979年，第239页。

1979年6月9日得到松枝茂夫教授的回信并附高见嘉十本人及其他有关照片。松枝茂夫是在1973年，看到吴恩裕先生发表在《文物》上的上述文章后，于同年10月查找到高见嘉十的地址并前往访问的。当时高见嘉十因患老年病，住日本富山县一个养老院中，已是八十高龄，但尚能记忆起在华任教期间组织孔祥泽等抄摹风筝谱一事，并说"我还帮他（指孔祥泽）改一改了"。松枝茂夫教授为高见老人拍了照，陪同松枝茂夫前往访问高见老人的当地公民馆馆长说，曾在高见家里见到过风筝图。松枝茂夫教授得到高见的许可，前往老人家中检点旧物，找到高见所画当年国立北平艺术专科学校"校内宿舍"等数张画稿，但未见与《废艺斋集稿》有关的材料。这次重要访问后不久，高见老人去世。松枝茂夫教授其后也曾查找过日商金田氏的下落，但没有找到。至此，有关《废艺斋集稿》的海外线索中断[①]。

关于《废艺斋集稿》的真伪之争

《废艺斋集稿》问世后，关于其真伪问题一直有不同看法。见真者有吴恩裕、冯其庸、茅盾、胡文彬、周雷、周岭、美籍华人学者周策纵、赵冈、胡德平、严宽等；见伪者有陈毓罴、刘世德、朱家溍等。见伪说的代表性文章是陈毓罴、刘世德的《有关曹雪芹佚著的辨伪》[②]和朱家溍的《漫谈假古董》[③]两文。此外，还有郭若愚等的若干文章。对于陈毓罴、刘世德的上述文章，吴恩裕曾写有《论废艺斋集稿的真伪》一文，围绕陈、刘文章中的观点逐条给以考证和辩驳，指出其所以不足为据。该文收入《曹雪芹佚著浅探》一书。又有朱家溍的《漫谈假古董》一文，指《废艺斋集稿》为伪作，该文原发于《红楼梦集刊》第三辑，后收入《故宫退食录》一书。该文除支持陈、刘的观点外，还指出几处所谓"不合"，但未能给出考证。见真者，代表性文章有：吴

① 胡德平，《说不尽的红楼梦——曹雪芹在香山》，中华书局，2004年，第374页。
② 陈毓罴、刘世德，《曹雪芹佚著辨伪》，《中华文史论丛》第七辑，上海古籍出版社，1978年。
③ 朱家溍，《漫谈假古董》，《故宫退食录》，北京出版社，1999年，第366页。

恩裕《曹雪芹佚著浅探》、冯其庸《二百年来一次重大发现》[①]、茅盾《有关曹雪芹佚著〈废艺斋集稿〉的两封信》[②]等。1984年，由胡德平组织和发起，成立了中国曹雪芹研究会，以发现题壁诗的北京香山正白旗三十九号老屋为址建立了曹雪芹纪念馆，其中复制并陈列了1978年在北京发现的曹雪芹书箱一对，编辑发行了《曹雪芹研究会通讯》，出版了舒成勋口述、胡德平整理的《曹雪芹在西山》一书[③]。至此，有关曹雪芹的研究活动达到一个高潮。但20世纪80年代中期的这些研究活动多半是民间性质的或民办官助的。90年代以后，北京曹雪芹纪念馆的命运几经波折，但终于坚持了下来，成为国内外广大红学爱好者和曹雪芹的景仰者凭吊曹雪芹、了解曹雪芹晚年在香山一带创作活动的景点之一。90年代还有一些零星的研究文章发表，如朱冰的《〈废艺斋集稿〉中的科技史料》[④]等。但就总体而言，《废艺斋集稿》的研究工作陷于沉寂，不知情的读者也无从了解这一事件的来龙去脉。一时间，曹雪芹还有《废艺斋集稿》这样重要的一部著作存在一事，似乎被忘记了。

《废艺斋集稿》的民间研究状况

2003年是癸未年，红学界发起了纪念伟大作家曹雪芹逝世240周年活动，举办了系列讲座等。但有关《废艺斋集稿》的研究，在这次活动中基本未见提及。2004年初，胡德平出版了他的著作《说不尽的红楼梦——曹雪芹在香山》一书。该书除收入了《曹雪芹在西山》一书内容外，还收入了孔祥泽的两篇文章：《〈废艺斋集稿〉追记前言》和《有感于"巧合"而记》。此外，还收入了胡德平新的研究成果：《香山曹雪芹故居所在的研讨》及《卧游终日似家山》《三教合流的香山世界》及《附录》。2004年3月，由孔祥泽、孔令民、孔炳彰供稿，北京工艺

---

① 冯其庸，《二百年来一次重大发现》，《梦边集》，陕西人民出版社，1982年，第357页。
② 茅盾，《有关曹雪芹佚著〈废艺斋集稿〉的两封信》，《红楼梦学刊》，文化艺术出版社，1979年。
③ 舒成勋口述，胡德平整理，《曹雪芹在西山》，文化艺术出版社，1982年。
④ 朱冰，《〈废艺斋集稿〉中的科技史料》，《中国科技史料》第13卷第3期，1992年，第83~90页。

美术出版社整理的《曹雪芹风筝艺术》一书出版。该书共四章，介绍了曹氏风筝的由来、曹氏风筝的发现与复制、曹氏风筝的分类及特点、风筝的制作工艺、曹氏风筝图谱及附录等。多年来，对于曹雪芹的另一部佚著《废艺斋集稿》，除了早期吴恩裕的工作外，一直没有得到学术界的认真对待和研究评价，但是以孔祥泽为代表的曹氏风筝艺术的研究和继承却一直没有中断，并不断得到发扬光大。曹氏风筝深受国内外艺术界的喜爱和欢迎，孔祥泽本人和他的儿子孔令民、孙子孔炳彰的作品多次得奖并被收藏，孔令民被授予北京市工艺美术大师荣誉称号，并多次应邀出国介绍曹氏风筝艺术。2006年3月，《曹雪芹风筝艺术》一书获得"莱比锡国际最美的图书"大奖。

这两部书的出版使《废艺斋集稿》的研究出现了新的局面。它打破了多年来曹雪芹研究、特别是《废艺斋集稿》研究沉闷甚至麻木的局面，为广大景仰曹雪芹和热爱《红楼梦》的读者提供了可资了解、学习和研究的宝贵资料和思路，同时也为真伪之争提供了最直接的可供研究的材料。书中首次刊登了《南鹞北鸢考工志·曹雪芹自序》双钩摹本影印件、《南鹞北鸢考工志·曹雪芹自序》抄件、《南鹞北鸢考工志·董邦达序》抄件等。曹雪芹去世后，在北京香山一带一直流传着的曹雪芹的许多故事，应该是最早期的大众红学。20世纪80年代中期以纪念馆和研究会成立为标志，又掀起了一次新的大众红学热潮。相信这两本书的出版，将引起读者的广泛兴趣，也会吸引更多读者和爱好者加入研究行列。又严宽考证出，《废艺斋集稿》中"蔽芾"二字实为曹寅时织造署一处斋馆名称[1]。2004年，红学家邓遂夫著《草根红学杂俎》问世[2]，其中，《曹雪芹箱箧公案解密》一文，披露了邓遂夫通过对洪静渊及方宗耀等人的亲自走访，证实了《旧雨晨星集》事件是洪静渊造假。至此，笼罩在曹雪芹书箱问题上的迷雾遂告消散。《自将磨洗认前朝——孔祥泽访谈录及注记》等[3]。这些研究成果活跃和丰富了《废艺斋集

[1] 胡德平，《说不尽的红楼梦——曹雪芹在香山》，中华书局，2004年，第9页。
[2] 邓遂夫，《草根红学杂俎》，东方出版社，2004年。
[3] 朱冰，http://www.ihns.ac.cn/members/zhubin/zhubing4.htm，2003年3月。

稿》研究的工作。《废艺斋集稿》研究的开创者吴恩裕未及完成的《废艺斋集稿》研究的工作，相信会有更多的后继者。

对《废艺斋集稿》的学术价值和思想价值的初步评价

《废艺斋集稿》是伟大作家曹雪芹晚年专门为残疾人撰写的一部手工艺著作。《废艺斋集稿》写作的缘起是作者帮助他的残疾人朋友于叔度以风筝技艺实现了自养，这样的事实启发了作者从风筝谱的写作开始，进而逐步扩充为全书。但《废艺斋集稿》绝不仅仅是一部普通的工艺技术书。首先，《废艺斋集稿》写作的动机是人道主义救助。目的在于教会穷人和残疾人一种谋生的手段，"使其有以自养之道（《废艺斋集稿》第二册《南鹞北鸢考工志》自序）"，以免"转乎沟壑"的命运。这样伟大的人道主义情怀与《红楼梦》的思想完全一致，更符合作者晚年世界观和思想感情的变化。《南鹞北鸢考工志》董邦达序说："尝闻教民养生之道，不论大术小术，均传盛德，因其旨在济世也。扶伤救死之行，不论有心无心，悉具阴功，以其志在活人也。曹子雪芹悯废疾无告之穷民，不忍坐视转乎沟壑之中，谋之以技艺自养之道，厥功之伟，曷可计量也哉！"其次，《废艺斋集稿》是作者晚年理想社会的实践和探索。他是希望以工艺技术为手段，通过财富的积累，逐步达到一个"人人有以自养"的小生产者的理想社会，从而进一步实现社会平等。《南鹞北鸢考工志·比翼燕歌诀》："比翼双燕子，同命相依依……相期白首约，互证丹心誓……引领瞩睽观，襟怀犹坦适……为筑双栖室，撷取连理枝……卜居武陵溪，仙源糜赋役……偕隐岂邀名，澹泊实素志……锦衣纨绮者，尽是轻薄儿。耻与侪辈伍，联袂去云霓。"它是作者乌托邦式理想社会的设计蓝图，是作者在彻底否定了君君臣臣父父子子的封建社会制度和伦理纲常之后，给出的一条社会出路。在18世纪的中国，在回光返照式的"乾隆盛世"这样一个社会环境中，它的提出是一种非常超前的意识。此外，《废艺斋集稿》的内容涉及清代工艺技术和美术的诸多门类，其中有作者自创，也有集前人所成。而《废艺斋集稿》各册的自序和他序包含的丰富内容，更是研究作者晚年生活创作及思想的重要资料。

因此，《废艺斋集稿》是一部具有重要学术价值、思想价值、科学技术价值、充满人道主义精神的伟大著作。茅盾曾经这样评价《废艺斋集稿》："浩气真才耀晚年，曹侯身世展新篇。自称废艺非谦逊，鄙薄时文空纤妍。莫怪爱憎今胜昔，只缘顿悟后胜前。懋斋记盛虽残缺（注：《瓶湖懋斋记盛》为《南鹞北鸢考工志》敦敏序），已证人生观变迁。"[①] 此外，《废艺斋集稿》的文字非常优美，那样大俗大雅的笔法，只有曹雪芹那样的大文豪笔力能及。

结语

《废艺斋集稿》去国六十年矣。当年《废艺斋集稿》的抄存人只有孔祥泽仍然健在，仍然在为弘扬曹氏风筝艺术、为《废艺斋集稿》一书而奔走呼吁，呕心沥血。孔祥泽说，他相信《废艺斋集稿》没有毁掉，他希望《废艺斋集稿》有一天能再次面世，和他的抄摹稿、和我们有而日本没有的《此中人语》互相印证和诠释，那将不仅是中华民族的幸事，也应该是中日文化界的一段佳话。

曹雪芹的朋友敦诚在雪芹去世的次年甲申年曾写有悼雪芹的诗，其中有"开箧犹存冰雪文"句。不知道什么时候，曹雪芹的冰雪文章能从深箧中再次展露容颜？曹雪芹一生是命运多舛的，《红楼梦》是命运多舛的，《废艺斋集稿》也是。但时代在进步，学术研究和人们认识问题的水平也同样在进步。何况，远方还有一个希望在，那就是完璧的《废艺斋集稿》应该还存在于世上。

谨以此文纪念中国伟大作家和伟大工艺技术家、中国古代民间人道主义救助事业的伟大开创者曹雪芹，逝世二百四十周年；兼怀《废艺斋集稿》研究工作的开创者吴恩裕逝世二十四周年。

2004年4月26日

---

① 冯其庸，《二百年来一次重大发现》，《梦边集》，陕西人民出版社，1982年，第357页。

又记：

北京残疾人奥林匹克运动会召开，乃旷古未有之盛事。中国一直有"老吾老以及人之老，幼吾幼以及人之幼"的传统古训。但以工艺技术为手段，对残疾人和穷人实施人道主义救助，曹雪芹和他的《废艺斋集稿》开了时代风气之先，在世界人道主义救助史上，也应当占有光辉的一页。近日周岭先生《百家讲坛》亦提到："曹雪芹的《红楼梦》世人皆知，而他的另一著作《废艺斋集稿》，是一部记载我国工艺技术的作品，故只在爱好技艺的圈内人中流传。曹雪芹在这部书中打破了中国文人对'百工之人，君子不齿'的陈旧观念，详细记载了金石、风筝、编织、印染、烹调、园林设计等八项工艺艺程，目的是为了让残疾人能够以之养身，弥补先天、后天的不足……这不仅反映了曹雪芹与于叔度的友谊，更反映了曹雪芹扶弱济困、助人为乐的高尚情怀。"

三、自将磨洗认前朝——孔祥泽访谈录及注记

朱　冰

本文是对曹雪芹工艺技术佚著《废艺斋集稿》的抄存者孔祥泽的访谈录。孔祥泽回忆了《废艺斋集稿》当年的抄摹情况，提供了许多以前不为人知或未经披露的细节；对《废艺斋集稿》的卷秩安排根据抄存文献进行了核对和调整并作了说明，更正了此前追忆中关于卷秩安排的不甚准确之处；对《废艺斋集稿》文献散佚和他本人多年来致力搜求的情况做了介绍；对新出版的《曹雪芹风筝艺术》一书内容做了简要介绍和评价；这次访谈还涉及曹雪芹工艺思想的有关内容及孔祥泽个人的理解和评价。

说明：

一、此文依口述风格整理；整理时尽量忠实于原访谈记录，只作了个别语序调整；

二、文中"朱"为朱冰语，"惠"为孔令惠语，其余均为孔祥泽语；

三、正文括号内文字为朱冰所加，意在保持语句及表达意思的完整并作必要说明。

四、文中小标题为朱冰所加。

关于卷秩安排的订正和抄摹稿(小本)的失而复得

孔：这篇东西是《〈废艺斋集稿〉追记前言》，我的小本复印给你。每卷我只是跟他说大体上是这样①，吴先生把本子拿去做订正，我跟吴先生说您订正吧，考据要准确，所以把小本子要去了。时隔不久吴先生说丢了，也没有来得及订正吴先生就去世了②，我就只好认命了。1983年骆老整理吴先生的遗物时发现了这个小本，扔在墙角里，还有乌金翅图、雨后彩虹图。骆老给我送回来，从堆积琐碎物的墙角发现的，已经霉烂了，书卷的后部分雨后彩虹图和曹夫子关于雨后彩虹图画法的论述也被裁去了，不完整了。我怎么找？骆老来送回给我，画面前面还有红墨水的污渍，这个小本子看样子也是被同一个人藏起来了。这个巧合真是巧合吗？真有什么离合聚散的因缘吗？

朱：我可以原样发表吗？

孔：你引用吧，我不愿意出名，而且我也干不动了。前几年我还有点雄心，真的愿意把东西教给我的学生。我的一个学生，去国外了，搞

---

① 他，指吴恩裕。此句指吴恩裕《曹雪芹佚著浅探》一书中所记关于《废艺斋集稿》各册卷秩安排及名称问题。它是孔祥泽在"文革"期间根据记忆提供给吴恩裕先生的，1978年孔祥泽又根据抄摹稿进行了订正。吴恩裕《曹雪芹佚著浅探》一书虽然出版于1979年11月，但交稿时间早于孔祥泽写此《追记》对卷秩安排进行订正的时间，故有"吴恩裕先生把小本子要去进行订正，但没有来得及就去世了"这样的话。《废艺斋集稿》的卷秩安排在由孔祥泽等供稿的《曹雪芹风筝艺术》一书中已经作了调整。
② 吴恩裕先生于1979年12月12日，因心脏病猝发去世。

得很好，知名度很高，全家都得济了，可是他自己没有时间坐下来研究这件事，去挣钱了。他是我的得意门生，不幸早死，42岁去世。我比较得意的学生，还有一个也不幸早死，高血压，活了49岁。

当年抄摹情况的追忆

孔：《追记》里我已经说得很清楚了（该文见胡德平著《说不尽的红楼梦——曹雪芹在香山》中华书局2004年4月第一版》及孔祥泽等供稿、北京工艺美术出版社2004年3月出版《曹雪芹风筝艺术》），1943年我随高见嘉十先生学雕塑。这篇《追记》是1978年写的，那篇是1983年写的①。诀语等原稿找到给你拿来②。这是我追记的关于当年《废艺斋集稿》的抄摹情况。

松枝访问过高见③。我见到松枝了，是骆老介绍我见的④。松枝是搞古典文学的，不知道还在不在了。伊藤在，是日本的红学家，他的翻译忠于原作⑤，是松枝的学生，伊藤还给我们照了相，但没有来得及跟伊藤合影。松枝去访问时高见已经脑软化了，当地公民馆的馆长说见到过风筝图，可是没有找到。他⑥带走的有风筝。把比较难做的带走了。我复制的还有。

朱：松枝茂夫先生那时怎么说呢（能继续寻找《废艺斋集稿》的下落吗）？

---

① "这个"指《〈废艺斋集稿〉追记前言》一文，"那个"指《有感于"巧合"而记》一文。
② "诀语等原稿"是指《废艺斋集稿》中关于风筝及其他工艺内容的诀语，是曹雪芹先生为了使那些受教育程度不高的残疾人、穷苦人容易且方便地掌握书中工艺技术而特地创作的。详见吴恩裕著《曹雪芹佚著浅探》及孔祥泽等供稿的《曹雪芹风筝艺术》两书。
③ 松枝，指松枝茂夫教授，日本早稻田大学中国文学史学者。高见，指高见嘉十先生，孔祥泽在北平北华美术专科学校学习期间的老师，教授雕塑。松枝茂夫教授访问高见嘉十先生的时间是在1973年10月5日。高见嘉十先生于1974年5月15日去世。吴恩裕先生《曹雪芹佚著浅探》第377页误写为1973年5月15日。
④ 指1984年松枝茂夫和伊藤漱平访问中国时，已故吴恩裕教授的夫人骆静兰先生介绍孔祥泽与松枝茂夫先生及伊藤漱平先生见面之事。
⑤ 伊藤漱平，日文版《红楼梦》的翻译者，日本东京大学教授。
⑥ 指高见。

孔：松枝先生没有我的地址，都是跟吴先生联系。那次见面时翻译走了，我们跟松枝先生交流很费劲。他们吃饭去了，我们交流，他们回来我们就走了。

那时候他(金田)每天都来①。为什么肯于每天都来？杨先生②每天按照《斯园膏脂摘录》③给他做着吃。早饭不来吃，午晚在这吃。抄书地点在米粮库21号，现在没有了，当时金田每天准时来。彩色图的临摹，他举着贴在玻璃上，我们在玻璃这边临，他④很仔细的，怕弄脏了，(规定)用铅笔临。本来他想请高见给他鉴定一下，(这书)到他手里已经四易其主了，都是日本人。那时候还是儒家思想指导，没有人拿这个当回事，所以到金田是第四个买主。高见与金田在日本时就是朋友，他请高见给他看看。高见本来就是想弄风筝，这件事就是因为风筝引起的⑤。高见即使看到曹子雪芹字样也不会很重视，日本人那时并不很了解(曹雪芹)。我们找了半天风筝谱也没有找到⑥。高见一看见这本书就把我叫来了，当时我只是能写能画，我跟吴先生说过，我只是个小学生不是主角，吴先生把我写成主角是不对的，我就是碎催⑦，让我干吗干吗。《集稿》当时金田拿来是让高见给他看看，有没有价值。关广志老师⑧看见《记盛》中"曹子雪芹"字样了，说"哎呀，不得了，这是曹雪芹

---

① "那时候"指1943年。"他"指日商金田氏。

② 杨先生指杨啸谷，著名古瓷鉴定家，文物学家，著有《古月轩瓷考》。(朱冰注：这样一位著名文物学家和古瓷鉴定家有否可能去参与造一部工艺技术书的伪？读者可自行判断。)

③ 《废艺斋集稿》第八册为《斯园膏脂摘录》，专讲烹调饮馔。斯园为思源的谐音，意为一切美味饮馔皆为民脂民膏，饮水当思源之意。详见《曹雪芹佚著浅探》。

④ 本句及下二句的"他"均指金田。

⑤ 见孔祥泽等供稿《曹雪芹风筝艺术》第二章《南鹞北鸢考工志的发现》。

⑥ 指高见让孔祥泽到各图书馆查阅有无风筝谱一事。

⑦ 北京土话，指跑腿打杂的小伙计、小学徒类角色。

⑧ 关广志(1896—1958)，吉林省吉林市人，我国老一辈著名水彩画家，美术教育家。早年毕业于沈阳美专，曾在燕京大学任教。1931年赴英国深造，是英国皇家美术学院最早的中国留学生。回国后，先后在燕京大学、北平国立艺专、辅仁大学、清华大学等高等学校任教，擅长水彩画、水粉画、钢版画等。绘画题材长于古建筑和园林风景，多数取材于古都北京，如《香山琉璃塔》《北海五龙亭》《天坛》《北海》等。同时也为国家培养了一大批美术人才。1958年因病逝世，享年62岁。(朱冰注：以上关广志先生的履历中有曾在北平国立艺专任教一事，可作为关先生参加过《废艺斋集稿》鉴定和抄摹一事的旁证。根据以上履历，我以为没有理由怀疑关广志先生的人品，称其为"一伙造伪者"之一。)

的东西"。金田问曹雪芹是谁？关老师就告诉他了。他一听，立刻就把书收起来了。后来是高见老师跟他借（临摹学习用），再加上请他吃饭，这才让我们抄的。我们那时在国立艺专学习，等于是在象牙之塔里一样，注意的是艺术内容本身，不可能先去研究作者。

朱：即便当时注意到了，去研究作者，也不可能超越红学当时的整体水平。当时新红学才刚刚建立不久，胡适才刚刚肯定了曹雪芹的作者地位。以为曹雪芹大红大紫，利用他造假，这是拿今人思维去套古人思维。

孔：对其他内容，比如敦序、董序和曹的自序注意那是后来的事。

朱：对曹的思想的认识也只能是逐步加深的。

孔：当时有个人叫蒯若木[1]，这个人特别爱吃，我们请了他的厨师，姓郑，来帮助杨老师做饭，让金田吃，等于这是交换，否则还不让我们抄。我们（当时按照菜谱做菜）等于复制《斯园膏脂摘录》。抄了26天，加上休息了2天，总共28天。他[2]要打包寄走。打包去寄是我跟着去的，金田写好了，具体地址记不得了，寄往鹿儿岛，什么町记不得。当时我问他：收信人是你什么人呢？那个收信人我记得是乙羽，或者羽信，名字叫武夫。我问这个收信人是谁？他说是我，我说你不是金田先生吗？他就哈哈哈……打哈哈，就过去了。估计用的是假名。

关于《曹雪芹风筝艺术》一书的编著和评价

前天我才拿到了出版的书[3]，书名原来说叫《〈南鹞北鸢考工志〉追记》，他们给改了，把书名改成叫《曹雪芹风筝艺术》。这本书（指《曹雪芹风筝艺术》）就是想从风筝说起，想让日本人看看我们也还有东西，希望日本的收藏者知道：你们公之于世了，（东西）还是你的，大家共

---

① 蒯若木，曾任北平政府铁路总督办。
② 指金田。
③ 指孔祥泽、孔令民、孔炳彰供稿，北京市工艺美术出版社整理出版的《曹雪芹风筝艺术》一书。

161

同研究。我们有《此中人语》，可以互相印证。但我现在已心有余而力不足了，只能我的孩子能做什么就做什么了。台湾出的那本书是很讲究的，装潢比这个好得多，原来准备"文革"前出的，动乱就搁下了（"文革"后才出版），是费葆龄出的①，给了我一本，装潢像原大。原稿②它是两个旧账本大，长的，翻过来用的，那一面还有字呢，经过装裱，把原稿裱上了③。出版《曹雪芹风筝艺术》一书是徐锋找的我，说应该编这本书。她说，我们越说得自己什么都没有了，日本收藏人越不往外拿，我们必须说我们有东西，不但有，还做出实物了，抛砖引玉吧。（这书）昨天刚上市。写序的徐锋也是高见的学生，我们俩是一师之徒。她新中国成立前是做党的工作的，新中国成立后抓工艺口。她就想台湾出了为什么我们不能出呢？心里别扭，就找我，是这样出的。

朱：徐锋也算当年的见证人了，我可以采访她一下吗？

孔：找个机会介绍你见一下。台湾出的那本书名叫《曹雪芹风筝谱》，印得很精美，在那里我是顾问，但那书有一些错。这是《曹雪芹风筝艺术》样书。乌金翅图漂亮，中国传统绘画没有这样用光的。这是我当年临摹的。原来三十九幅，现在就剩十四幅了。（编著这本书）拍照人使用数码相机，但图片拍得没法放大，图的颜色也不太对。这都是实物，真东西，这是我画的④。百子九龙图是香港回归时做的，国家美术馆收藏了，比翼燕风筝国博收藏了。这是喜鹊登梅。好的都是我画的，其他是我孙子画的。现在我画不了了。

朱：宓妃呢（指《南鹞北鸢考工志》敦序《瓶湖懋斋记盛》中提到曹雪芹所做的"宓妃风筝"）？

孔：这个他们做不了了，架子也做不了。这俩是我原来的。这是五朵茶花，一个燕是一个福。

---

① 费葆龄，出身北京风筝世家，孔祥泽的学生，曹氏风筝艺术传人之一。
② 指《废艺斋集稿》之原稿。
③ 《废艺斋集稿》经装裱。
④ 指书中比翼燕等风筝图谱。

朱：多精美啊。

惠：我爸爸的手稿在我那儿的都丢了，就留了一个董序①。原来蝴蝶（图谱）多了，"文革"抄了一回。我的心情是找个地儿，让我爸爸坐那儿做风筝。

朱：您父亲是国宝级人物。

惠：那时候我让我爸爸躲在我那儿，我爸爸那时候就天天给我讲曹雪芹、红楼梦。后来吴恩裕左一封信右一封电报把我爸爸追回来。

孔：这书（指《曹雪芹风筝艺术》）前言写得我不满意②。用意是好的，突出风筝的价值，但是曹氏风筝除了艺术价值还有学术价值和思想价值呢，怎么能这样说话。就这样的前言这书还有什么价值呢？

关于《废艺斋集稿》的内容和思想意义

孔：《废艺斋集稿》这里面有两重意义：强调人与人的合作，有眼人帮助没眼人，这比给钱意义大，从人格上讲这是社会生产力的解放，但这必须跟有眼人合作；还有，他说中国有一个陋习，同行是冤家，他说不对，同行是亲家。

朱：我没见到这话？

孔：在后半部里，烧了。金福忠手里是全的③。吴先生曾请胡文彬去抄下来，可那时金福忠已经被抄家了，抄家时居委会看着他，让他跪着把这资料烧了。《记盛》（文字）全的是金先生的④，但给烧了。吴先生跟赵雨山是北大同事⑤，雨山先生从北大图书馆退休的，追记这个事

---

① 指《南鹞北鸢考工志》董邦达序。
② 指该书王树村所写之前言。
③ 金福忠，北京著名宫式风筝艺术家，《记盛》中所记敦惠之后人。家中曾存有祖传曹氏风筝谱《南鹞北鸢考工志》及敦敏为《考工志》写的序文《瓶湖懋斋记盛》全文，并存有曹雪芹为《集稿》部分卷帙内容所写的白话文注释性文字《此中人语》。据孔祥泽介绍，金田氏买走的《集稿》版本没有《此中人语》这部分内容。
④ 指《瓶湖懋斋记盛》，为《集稿》第二册《南鹞北鸢考工志》敦敏序。
⑤ 赵雨山，风筝艺术家，曾参与当年《南鹞北鸢考工志》抄摹。

情是雨山先生要做的，他那时已经让煤气熏着了，右侧偏瘫没有好了，1968年就去世了。去世前他拉着我的手说，一定把《废艺斋集稿》的追记工作完成。所以我并不是一开始就要全力来做这件事，但是当年的当事人就只有我了，把这件工作完成，我也就算对得起雪芹先生了。

有的红学家说我造伪，这个伪不是我造得出来的。曹雪芹写《废艺斋集稿》这件事，怎么可能是假的呢？雪芹先生做这件事，他是跟芳卿他们两个合着写的，所以有两卷不写《此中人语》①。芳卿名叫顾芷芳②。写《此中人语》的，这里面有铸印（这一册），是讲合金的，古代叫齐。铸铁印，用的可能是铁合金，颜色发黑，像墨色③。这种东西宋明时铸佛像好像是用这种铁合金。宋以前柴世宗不信佛，把铜像砸了，用来铸币。（钱币）宋以后是用铁铸的，宋到明好多佛像是用铁铸的。曹雪芹（在《蔽芾馆鉴印章金石集》中所说）的印有的是用铁铸的，铸得很精细，用范铸的，浇出来的就直接能使，（这种工艺）叫精细的翻砂，更便于保存，很精细。铜不成，软，宣德炉也是多种合金。（这一卷）使用了"人语"（即《此中人语》）。我什么时候把原话想想。

朱：这更证明了雪芹先生著作的真实性，更证明雪芹先生是大家，不仅是伟大的文学家，更是伟大的工艺技术家。

孔：讲编织的这卷用各种材料，强调没眼人与有眼人合作。编织（工艺）这东西就是江宁织造的法子④，曹的出身就是这样（指曹雪芹出身织造世家所以懂得织造或编织工艺），与芳卿合作写这个东西（指编织和染织卷内容）有什么奇怪呢？

朱：是的，比如这句："今就染织两事言之。织锦之要，在于组织

---

① 《此中人语》为曹雪芹著，是用白话文解释《废艺斋集稿》的。赵雨山原藏。
② 芳卿，曹雪芹续婚妻子，于乾隆二十五年在北京与曹雪芹结婚，并与曹雪芹合作写作《废艺斋集稿》，资料见吴恩裕著《曹雪芹佚著浅探》。
③ 铸印工艺这段话是孔祥泽凭记忆叙述的。这里所说铸印用的黑色铁可能指经柔化的黑心韧性铸铁，此种工艺起源于战国时期。
④ 关于《废艺斋集稿》中讲织锦工艺的内容，参见吴恩裕《曹雪芹佚著浅探》，对其研究参见朱冰《〈废艺斋集稿〉中的科技史料》。

经纬之丝，机上每以五枚至八枚而织多层之缎。"这句话只有行家、或者专门研究纺织技术史的学人能看懂。[①]

孔：经纬就是一阴一阳，但是他把这个编成歌诀，这个就是下了功夫了，他得比真瞎子还设身处地地（为他们）着想。但芳卿要写成歌诀她就不行了，所以她说"续书才浅愧班娘"。

朱：所以才需要雪芹先生的"为芳卿编织纹样所拟诀语稿本"[②]。

孔：三、四、五、六卷次序不对，（内容）还应该有宫灯宫扇。他收入《此中人语》不是全部写的，有隐语的他才写[③]。拿扎燕说，燕喜燕喜，为什么叫扎燕呢？是写实的仿生的，扎起来后上下都有膀条，这两条线是圆的泻风的，膀角必须扎，这样一扎就不能完全写实了，把它图案化了。他们说意匠是日本人的话，杜甫早有意匠二字[④]。见真见伪那是他们的权利，问题是你要说伪你要做认真研究。在没有做认真的研究考证之前，不要轻易下断语。有一次我曾经跟吴世昌先生说：我只能说当年我确实曾经参加过抄摹《废艺斋集稿》，这件事情确实有，至于真伪，我相信这书没有被毁掉，总有一天它会面世。我们现在说它真，有一天它面世了，那时候我们可以对照来看，辨认它的真假；我们现在说它假，又没有做认真研究，如果它面世了，证明是真，你们都是专家学者，写的东西白纸黑字是要留给后人看的，那时候你们怎么向后人交代呢？吴世昌先生一下激动了，站起来双手握住我的手说："与君一席话，胜读十年书。"我觉得这才是真正的学者，是大家，敢于承认错误，改正错误，这才是真正做学问的人。

---

① 五枚缎纹组织和八枚缎纹组织是清代江宁织造特产缎织物组织特点。以元青色缎为代表性织物，称元缎。又"因其仅织袍缎及制帛诰彩绘之类，以及御用及内廷颁赏之需，故称贡缎"，有"罗纹缎、金丝缎、大云缎、阴阳缎、鸳鸯缎、闪缎、锦缎诸名"（《蚕桑萃编·丝绸类》）。

② 见吴恩裕先生《曹雪芹佚著浅探》一书。

③ 此句指《此中人语》并非每卷都有。《此中人语》是雪芹先生为解释《集稿》中某些词语而专门撰写的，是雪芹先生惟恐那些没有文化或文化较低的穷人和残疾人朋友看不懂他的那些歌诀等等文字而用白话写的注释性文字。曹夫子为穷人和残疾人朋友着想，用心之良苦一至于此。见孔祥泽等供稿《曹雪芹风筝艺术》第二章《曹雪芹风筝歌诀与〈此中人语〉》。

④ 见杜甫《韦讽录事宅观曹将军画马图》"意匠惨淡经营中"句。

（原书）它这里面有碍语（所以不得传世）。我跟吴恩裕先生说，这个书①从第一次卖了以后，第一个买主觉得没有什么价值就放在武德报社了，武德报社是日本人办的②。我有个同学叫杨凤亭，他那时候在武德报社，这本书他看得最多，没事就翻这个。那个时候还有大家照的合影。杨凤亭跟吴先生说，要没有第二卷引不出这书。曹公是按照《考工记》写的这书。北京腊八开始卖风筝，这就是冬官，春种夏长秋收冬藏，冬天出去活动就放风筝，穷人和富人都如此。尤其北京，大户人家都放风筝；穷人呢，曹公给穷人搞的东西他要穷人买得起，他的思想就是"善救物者无弃物，善救人者无弃人"，所以他用秫秸秆给穷人做风筝，小风筝，纸用的是绵纸不爱破，有眼人刻成版没眼人刷印，最便宜的，一直到新中国成立前后还有。

朱：风筝名字叫什么？

孔：书里有，好几种。有眼人再上色，都是平色，蓝色，使用极其便宜的色，一大摞，穷人买得起，非常便宜。新中国成立前那会儿卖一毛五，再从前也就是十大枚，鼓楼后头就有一摊，专门卖这个，传了几代，自己家刻的木版，木版水印。曹公说有眼人与无眼人合作，同行是亲家不是冤家，要互相照顾。他们说造伪，（利用）曹雪芹造什么伪呀？谁能有曹雪芹这样的胸怀，能造这样的伪呢？不挣钱哪？本来就是写给穷人的。"富非所望不忧贫"（那个风筝）就是秫秸秆的，使的就是秫秸秆的弓子。这弓怎么才能不弯呢？字是行书，行书做到天上去，架子从前面瞅你瞅不见，就是现在会做风筝的也做不起来。书里还有大雁风筝。人字形队列，空中还能变成"一"字，怎么放？有一个大雁是领头雁，从空中来的风，怎么能保持"一"字？每个雁头都向前，大雁在天上飞它的头也都要冲前。队形不管怎么飞头都要向前。蒲松龄在《聊斋》里写了一句话叫"雁字不成行"，有时候是"一"字有时候

---

① 指《废艺斋集稿》。

② 武德报社地址在今北京王府井大街路西经济日报社址，清光绪时为中国创办的第一份政府机关报政治官报馆址，日本侵华期间曾为武德报社社址。

是"人"字。曹先生做的这个厉害还在于不是每边各五个，也许这边三个，那边七个，这边六个那边四个，这个工艺包括我的学生和儿子现在谁也学不了。我一个学生他有条件，可干别的去了。风筝的原理没什么新鲜的，一个是受风一个是泻风，一阳爻一阴爻。中国哲学讲至中和，怎么样达至中和？我们要想办法让它达到受风和泻风，达到三停。三停最要紧的，上天下地中间是人，这是三停。必须知道迎风和泻风，把中找对了就行了。就是说，符合上中下左右均取中的要求，就能达到最基本的放飞要求。音律、阴阳五行的关系，五音、六律，黄钟大吕，这对于雪芹先生太不算事了，第七卷第八卷杨凤亭和高见先生都说，中国传统文化的精华都在这里面了，第七卷园林举了九九八十一个例子。

《红楼梦》原书定的章回，八十回后的回目都写了，还有出场序，但是后来他写不下去了。为什么？他写给谁看呢？让谁明白？这么高深的书，受这么高深的教育，都得是有钱的人，都得是有文化的人看的。比如董邦达这样的人，高官得做骏马得骑。曹公他写这些生活很容易，咱们现在觉得离咱们的生活太远了。

朱：有隔膜感了，不容易从当时当地的社会环境出发去理解。比如，说《集稿》为伪作，多了不说，倒退六七十年，谁认可这种工艺技术书的价值呢？更别说他是给穷人残疾人写的，教他们怎么谋生。就是《天工开物》，包括那时候的专家学者，又有几人觉得有多高的学术价值呢？说它很有价值，那不过是近四十多年的事情，是专家学者研究的成果。那时候没人重视这个。

孔：（理解和学习）这些东西忌讳一知半解。现在我都不敢教给我的孩子们，学不到家一瓶不满半瓶晃荡，学走样了。

作为抄摹《废艺斋集稿》一事唯一在世的亲历者和见证人，对孔先生的这次访谈提供了许多以前不为人所知的重要的细节，这都为今人和后人提供了可资研究和学习、参考和了解的宝贵资料。

前朝并不久远，但《废艺斋集稿》原书至今深深地沉埋着，磨洗的工作就显得十分必要而迫切了，于是有了这篇访谈。孔先生在访谈中提到了抛砖引玉这句话，笔者也希望有更多的读者和爱好者关心这件事，加入《废艺斋集稿》的研究行列中来。果能如此，是书何幸，雪芹先生何幸，中华民族何幸。

初稿　2004年5月20日
二稿　2006年5月23日

参考文献

[1] 胡德平. 说不尽的红楼梦——曹雪芹在香山[M].中华书局，2004.

[2] 孔祥泽. 曹雪芹风筝艺术[M].北京工艺美术出版社，2004.

[3] 吴恩裕. 曹雪芹佚著浅探[M].天津人民出版社，1979.

[4] 李泽厚. 美学三书[M].天津社会科学院出版社，2003.

[5] （清）曹雪芹. 红楼梦（红楼梦研究所校注本）[M].人民文学出版社 1996.

[6] 蔡义江. 红楼梦诗词曲赋鉴赏[M].中华书局，2001.

[7] 朱冰. 曹雪芹《废艺斋集稿》中的科技史料.中国科技史料[J].1992(3).

[8] 朱冰. 也谈"茜雪".书屋[M].2009(9).

[9] 刘上生. 佩笔侍从：曹寅"为康熙伴读"说辨正.湖南师范大学社会科学学报[J].2000(6).

[10] 刘上生. 曹寅入侍康熙年代考.中国文学研究[J].2000(2).

[11] 王海根. 古代汉语通假字大字典[M].福建人民出版社，2006.

[12] （清）曹寅著，胡绍棠笺注.楝亭集笺注[M].北京图书馆出版社，2007.

[13] 故宫博物院明清档案部.关于江宁织造曹家档案史料[M].中华书局，1975.

[14] 席泽宗. 论康熙科学政策的失误自然科学史研究[J].2000(1).

[15] 上海市纺织科学研究院.长沙马王堆一号汉墓出土纺织品的研究[M].文物出版社，1980.

[16] 张琼. 清代宫廷服饰[M]. 上海科学技术出版社，商务印书馆（香港）有限公司，2006.

[17] 范金民、金文. 江南丝绸史研究[M]. 农业出版社，1993.

[18]（日）中川忠英著，方克、孙玄龄译. 清俗纪闻[M]. 中华书局，2006.

[19] 胡文彬. 历史的光影——程伟元与《红楼梦》[M]. 时代作家出版社，2011.

[20]（意）芬奇著，戴勉编译. 芬奇论绘画[M]. 人民美术出版社，1979.

[21] 王锦光，洪震寰. 中国光学史[M]. 湖南教育出版社，1986.

[22] 沈治钧. 红楼梦成书研究[M]. 中国书店，2004.

[23] 李金龙，孙兴亚. 北京宣南寺庙文化通考[M]. 学苑出版社，2009.

[24] 周汝昌. 红楼梦新证[M]. 人民文学出版社，1976.

[25] 崔川荣. 曹雪芹最后十年考[M]. 黑龙江教育出版社，2003.

[26] 李铁成主编. 曹雪芹西山传说[M]. 中华书局，2009.

[27] 金启孮. 金启孮说北京的满族[M]. 中华书局，2009.

[28] 陈毓罴，刘世德. 曹雪芹佚著辨伪. 中华文史论丛：第七辑[M]. 上海古籍出版社，1978.

[29] 朱家溍. 漫谈假古董. 故宫退食录[M]. 北京出版社，1999.

[30] 冯其庸. 二百年来一次重大发现. 梦边集[M]. 陕西人民出版社，1982.

[31] 茅盾. 有关曹雪芹佚著《废艺斋集稿》的两封信. 红楼梦学刊[J]. 1979.

[32] 舒成勋口述，胡德平整理. 曹雪芹在西山[M]. 文化艺术出版社，1982.

[33] 邓遂夫. 草根红学杂俎[M]. 东方出版社，2004.

索　引

（按汉语拼音顺序排列）

A

B

C

D

E

F

M

N

<h1 style="text-align:center">P</h1>

R

S

T

W

Y

Z

4